四川省科技厅软科学研究计划项目资助"财务预算约束视角下房价对城市经济高质量创新发展的影响研究（2020JDR0246）"

国 | 研 | 文 | 库

城市经济高质量创新发展研究

——以财务预算约束、房价为视角

石东伟 —————— 著

光明日报出版社

图书在版编目（CIP）数据

城市经济高质量创新发展研究：以财务预算约束、
房价为视角 ／ 石东伟著 . -- 北京：光明日报出版社，
2021.4

ISBN 978 - 7 - 5194 - 5971 - 0

Ⅰ.①城… Ⅱ.①石… Ⅲ.①城市经济—经济发展—
研究—中国 Ⅳ.①F299.21

中国版本图书馆 CIP 数据核字（2021）第 069388 号

城市经济高质量创新发展研究：以财务预算约束、房价为视角
CHENGSHI JINGJI GAOZHILIANG CHUANGXIN FAZHAN YANJIU:
YI CAIWU YUSUAN YUESHU、FANGJIA WEI SHIJIAO

著　　者：石东伟

责任编辑：郭思齐　　　　　　　　责任校对：张　幽
封面设计：中联华文　　　　　　　责任印制：曹　净

出版发行：光明日报出版社
地　　址：北京市西城区永安路 106 号，100050
电　　话：010 - 63169890（咨询），010 - 63131930（邮购）
传　　真：010 - 63131930
网　　址：http://book. gmw. cn
E - mail：guosiqi@ gmw. cn
法律顾问：北京德恒律师事务所龚柳方律师
印　　刷：三河市华东印刷有限公司
装　　订：三河市华东印刷有限公司
本书如有破损、缺页、装订错误，请与本社联系调换，电话：010 - 63131930
开　　本：170mm×240mm
字　　数：201 千字　　　　　　　印　　张：14.5
版　　次：2021 年 4 月第 1 版　　　印　　次：2021 年 4 月第 1 次印刷
书　　号：ISBN 978 - 7 - 5194 - 5971 - 0
定　　价：95.00 元

序　言

改革开放以来，我国经济快速发展，取得巨大成就。然而，随着我国经济的不断发展，经济发展的内在支撑条件和外部需求环境都已发生较大变化。随着人口老龄化，传统人口红利不断减少。在经济发展过程中，能源、资源、环境的约束逐渐加强，生态环境压力在不断加大，单纯地依靠要素投入难以支撑传统的经济高速发展。面对外界环境改变、人口红利减少、环境资源约束，我国经济发展的增速有所下降。在这种情况下，以往依靠要素投入、外需拉动、投资拉动、规模扩张的经济发展模式难以为继。优化经济结构、转换经济增长动力、转变经济发展方式是目前深受关注的问题。国家适时指出我国经济发展进入了新时代，应以实现经济高质量发展为目的。我国经济已从高速增长进入高质量发展阶段。实现经济由高速增长向高质量发展的转变是目前经济社会发展的重要特征。为了提高科技创新能力、科技与产业的融合度、产业的竞争力，我们需要主动放慢经济增长速度，腾出空间、留出时间发展高质量型的经济。在经济高质量发展阶段，战略性新兴产业、高新技术产业在产业结构中的比重应不断提高，经济发展方式要向创新驱动型转换。

随着我国居民收入水平不断提高，消费者对高品质农产品、高端制造品和高质量服务等高端需求会不断增加。因而，经济高质量发展离不开创新，创新是引领经济高质量发展的第一动力。产业结构优化升级、经济发展方式转换都离不开创新。城市是经济发展的最主要的空间载体。推动城市经济高质量创新发展有助于我国较快实现经济高质量发展。

随着1998年我国住房制度改革，我国房地产市场逐渐形成。随着经济发展、城市化的不断推进等因素的影响，我国房价不断上涨。不断上涨的房价成为我国经济发展中的一个重要特征。城市房价问题受到学者、政府、社会等各界的广泛关注。在现实经济中，我国地方政府采取各种政策措施进行房地产调控，努力防止房地产价格过快上涨。房价不断上涨是目前经济中的显著特征。高企的房价会对个人、企业、政府的行为产生影响，也会影响经济发展的许多方面。那么，在经济高质量发展的背景下，房价会如何影响城市经济高质量创新发展呢？本书将基于财务预算约束的视角，系统地研究房价对城市经济高质量创新发展的影响。

社会经济系统是一个复杂的系统。寻找经济变量之间的变化规律是本书的重要任务之一。社会经济现象的影响因素错综复杂，单个理论机制或模型难以衡量全部因素。在这种情况下，系统梳理理论机制、"让数据自己说话"的研究思路越来越引起人们的重视。除了理论机制的分析梳理，基于现实数据进行分析和研究也十分重要。本书在写作的过程中践行了这一思想，首先梳理理论机制、建立相应的计量模型，并利用样本数据进行计量估计，然后据此进行实证分析，得出相应的研究结论。具体而言，本书将系统研究财务预算约束、房价影响城市经济高质量创新发展的理论机制，并通过相关公开数据进行系统的实证研究，得出相应的研究结论，为推动我国城市经济高质量创新发展提出更具有可行性的措施建议。具体来说，与以往研究不同，在发展中的问题通过发展来解决的理念下，本书系统地分析阐述了我国房地产市场变迁的历史背景、我国房价特征及影响房价的因素、城市经济高质量创新发展的内涵，同时分析研究了财务预算约束、房价与城市经济高质量创新发展的机制，并运用实证研究方法系统科学地论证了财务预算约束、房价对城市经济高质量创新发展的影响，以及对城市消费经济质量的影响，并得出相应的研究结论和相关促进城市经济高质量创新发展的政策建议。本书的研究结论经过了严谨、客观的理论和实证的论证，提出的相关建议、措施更具有可操作性。

在本书的写作过程中，笔者一直坚持理论与实证相结合的方法。本书详细阐述了我国房地产市场变迁的历史背景、城市房价特征及影响因素，为理性对待和客观分析我国城市房价提供了历史视角，有助于理清城市房价上涨的原因，从而有利于把我国城市房价上涨带来的不利影响视为一个可以用发展来解决的发展中形成的问题。本书在实证分析研究财务预算约束、房价对城市经济高质量创新发展的影响时，是建立在财务预算约束、房价影响城市经济高质量创新发展的清晰和翔实的理论机制上。

高新技术产业发展是经济高质量发展的主要特征。在经济高质量发展的情况下，高新技术产业发展也是一个地方产业结构合理化、高级化的重要标志。而且，高新技术产业具有高技术、高生产效率、高附加值的特征，可以带动当地产业的技术升级，促进当地经济高质量创新发展。但是，高新技术产业的发展、当地产业的优化升级、产业结构的高级化是需要以创新为基础的。人才和资金是创新的关键要素。人才是最重要的资源禀赋。但是并不是单纯的人口数量大，就可以促进当地的创新发展。创新型劳动力是城市经济高质量创新发展的人力资源。创新是一种风险高、投入大、成功率低的活动。创新资金是创新活动能否开展、能否持续、能否成功的关键要素之一。正基于此，本书还将系统阐述财务预算约束、房价影响城市创新资金投入、城市创新型劳动力流动、城市产业创新发展的机制。

在本书的写作过程中，笔者一直本着发展中的问题必须紧紧依靠发展来解决的宗旨，梳理相关理论机制，进行理论与实证的验证。本书力求突出如下特点：

（1）从推动城市经济高质量创新发展的实际需要出发，合理选择研究视角，使之尽可能地符合客观现实，并可以为大多数经济管理类专业学生、同人在学习、研究过程中提供借鉴。本书的研究也力争为各级政府采取针对性的房地产调控政策、采取推进城市经济高质量创新发展的政策措施时，提供更具操作性的建议。

（2）本书注重基本思想、基本方法的阐述和研究结论措施的实际应用。本书构建财务预算约束、房价与城市经济高质量创新发展之间的理论机制，对财务预算约束、房价影响城市经济高质量创新展开实证研究。城市经济高质量创新发展是新时代发展的要求。城市经济高质量创新发展有助于满足人民日益增长的美好生活需要。促进城市经济高质量创新发展不仅需要正确的理论指导，而且还需要各级政府的努力，社会各界上下一心形成共识，共同努力。正是基于此，本书强调对基本思想、基本方法和基本原理的客观理解，同时注重解决分析问题的实际应用性。

（3）注重为各位读者提供将理论与实践相结合的视角，为各位读者客观地呈现问题，做到有理有据地分析问题和解决问题。基于实证研究结果，提出推进城市经济高质量创新发展的各项建议和措施，并强调相关建议、措施的可操作性。

本书得到了四川省软科学研究计划项目资助"财务预算约束视角下房价对城市经济高质量创新发展的影响研究（2020JDR0246）"。本书也是该省部级项目的研究成果之一。

由于笔者水平有限，书中可能存在不妥或问题，请各位读者批评指正。

四川轻化工大学　石东伟
2020 年 8 月

目　录
CONTENTS

第一章

导　论

一、研究背景、研究内容及研究意义

（一）研究背景

改革开放以来，我国经济获得了巨大的增长。然而，随着我国经济的不断快速发展，劳动力、土地等要素资源的稀缺性也日渐突出。随着近年来资源、环境等因素制约，我国经济发展面临着资源与环境的双重约束，潜在的深层次矛盾也开始日益凸显。以往靠牺牲资源、环境为代价的经济增长难免可持续性不足。资源约束对我国经济发展造成了一定的困难。主要依靠要素投入、规模扩张的经济增长模式逐渐受到制约。例如，随着我国出现老龄化现象，劳动年龄人口比重不断下降，难以继续维持劳动力成本优势。我国制造业等产业的劳工成本不断上升，增加了生产成本。当然，这些因素应成为促进我国经济转型升级、转变经济发展模式的动力，而不应成为阻止我国经济高质量发展的不可逾越的障碍。在此背景下，我国经济进入新常态，经济增长难以保持高速度，经济发展方式、经济增长动力都有待改善。在经济新常态的背景下，改变经济增长方式成为当务之急，动力转换与结构调整是当前我国经济发展面临的重要任务。随着我国经济逐渐步入"新常态"阶段，国家也一直在提倡实施创新驱动发展战略和科技强国战略，以实现我国经济的转型和可持续发展。国家适时提出我国经济发展的阶段从高速增长阶段进入高质量发展阶段。经济高质量发展成为目前我国经济发展面临的问题。经济如何由高速增长向高质量增长转变是值得研究的问题，涉及实现产业结构高级化、经济高质量发展，维持合理的经济增速。依据内生增长理论可知，知识、技术进步是经济增长的重要因素。技术进步依靠创新。引领经济高质量创新发展的第一动力则是创新。在经济发展过程中，生产技术、生产方法的创新有着重要的作用。创新为推动国家进步和社会发展提供了不竭动力。创新是推动经济可持续增长的重要驱动力，也是促进经济结构、产业结构优化升级的重要推手。创新是建设现代化经济体系的战略支撑，而提高自主创新能力是建设创新型国家的核心。发挥企业创新主体作用、提升创新能力又是建立创新型国家的关键。所以，应该坚持以创新作为引领经济高质量发展的第一动力，努力提高我国经济增长质量和速度。保持经济的高质量发展更多依赖于自主创新能力的提高，不再继续依赖主要靠增加要素投入来推动经济快速增长。我国应将创新能力的提升放在重要位置。实现创新、企业技术提升才能为提高生产效率、转变增长方式、实现经济高质量创新发展提供保障。为此，国家不断完善科技创新的顶层设计，通过制度创新、管理创新、文化创新推动科技创新，为科技创新构造良好的国家创新体系。2016 年 5 月，《国家创新驱动发展战略纲要》的出台则标志着创新驱动发展战略进入全面实施的阶段。

城市是经济增长的最主要的空间载体。一个国家的经济活动主要发生在城市地区。大量农村劳动力向城市迁移，才可以使社会从传统乡村型向现代城市型逐渐转变，不断促进经济的快速发展。这是我国改革开放以来经济空间结构变化中显著的特征。城市也是创新的空间载体。城市集聚了创新所必需的资金、人才、科技、市场、信息、政策支持等各类要素和资源。人口在地理空间上的集聚可以发挥聚集经济和人力资本外部性的优势从而促进创新（Duranton，Puga，2001）。一个国家的创新产出大部分集中在城市中，特别是主要的大城市中。2015 年北京、深圳等城市科技进步对经济增长的贡献率均超过了 60%，创新正成为城市经济增长的核心驱动力（李政，杨思莹，2018）。城市创新是指在一定的制度背景下，依托城市整体的基础设施、资源禀赋、生产力发展状况、政策服务，整合城市系统的各种要素，形成优势互补，提高城市综合竞争力、经济高质量发展的一系列创新活动。一方面，城市创新能力是城市可持续发展的动力源泉。城市创新能力的强弱与创新水平的高低会直接影响城市经济的发展水平、发展速度以及城市的综合竞争力。另一方面，城市创新能力还将直接影响到整个地区、国家的综合竞争实力和可持续发展。城市创新体系也是国家创新体系的重要组成部分。国家实现创新驱动发展的前提和基础是城市创新驱动发展战略的高质量实施（李政，杨思莹，2018）。为了创新型国家建设与创新驱动发展战略的推广，2008 年以来国家逐步推动创新型城市试点，支持城市探索创新发展新模式，促进了城市创新水平提升（李政，杨思莹，2018）。

创新是国家战略的核心，是提升经济实力和综合竞争力的必由之路，是经济发展方式转变的重要力量。我国目前正努力从要素驱动型经济向创新驱动型经济迈进。因此，国家高度重视创新发展。提高自主创新能力，实施创新驱动已成为我国发展重要战略之一。2007 年，党的十七大报告提出"建设创新型国家，最关键的是要大幅度提高自主创新能力"。2012 年，党的十八大报告正式提出"实施创新驱动发展战略"，并做出战略部署。2017 年，党的十九大报告提出"坚定实施创新驱动发展战略，加快建设创新型国家"。国家指出创新是引领发展的第一动力，加强国家创新体系建设，并把"加快建设创新型国家"纳入"建设现代化经济体系"的组成部分，强调"创新是建设现代化经济体系的战略支撑"。不可否认，要实现经济发展方式由要素和投资驱动向创新驱动为主，产业结构实现合理化、高级化，都需要创新作为支撑。然而，创新活动可能会受到经济环境的影响。例如，过度繁荣的房地产市场会导致整个经济的资源配置发生变化。当房地产价格过高，由此引发房地产部门投资利润率提高。当投资回报高于实体经济部门时，较高的利润水平会吸引更多资源流向房地产行业。在同等情况下，流向创新领域的资源就会相对减少。因而，房价的变动也会影响创新的财务预算约束。这种对创新资本的挤占会影响创新主体的创新能力的提升。不同区域房价的差异也会改变劳动力的流动，引起地区间人力资本等创新要素的差异。房地产投资规模大、增速快，可能会使居民消费能力持续走低，需求的缺乏会挤占实体经济投资，对我国经济的转型升级和健康发展造成不利影响。

改革开放以来，我国经济发展取得了举世瞩目的成绩，各种改革也不断推进。其中，1998 年我国进行了住房体制改革，以实现住房商品化和社会化，逐步建立适应社会主义市场经济体制和我国国情的城镇住房新制度。随之我国房地产业开始逐渐繁荣，房地产业成为我国经济的重要产业，商品房销售额逐渐增加。从表 1 - 1 中可知，我国商品房销售额从 1998 年的 2513.30 亿元，增加到 2018 年的 149972.74 亿元，增加了 58.67 倍。商品房销售额占 GDP 的比重也不断上升。从表 1 - 1 中可知，商品房销售额占 GDP 的比重也从 1998 年的 3.00%，增加到 2018 年的 16.72%。伴随着我国经济的持续高速增长，我国城市化水平的快速提高，我国房地产业的快速发展、城市房价的不断上涨已经是客观存在的现实问题。从表 1 - 1 中可知，我国 1998 年的商品房平均销售价格为 2063 元，2018 年的商品房平均销售价格为 8737 元，增加了 3 倍。总之，从 1998 年我国住房体制改革以来，我国房价不断上扬，房地产销售额急剧增长，房地产业在国民经济中的比重日益增加。面对房地产业的持续升温、房地产价格的不断上涨，如何调控房价成为社会关注的焦点。虽然相关政府部门出台了多次调控房价的政策措施，但是总体来看房价处于上涨的趋势。

表 1 - 1 1998—2008 年我国商品房销售情况

年份	商品房平均销售价格（元）	商品房销售额（亿元）	商品房销售额占 GDP 的比重
1998	2063	2513.30	3.00%
2018	8737	149972.74	16.72%

数据来源：2019 年《中国统计年鉴》，商品房销售额占 GDP 的比重是根据数据计算而得。

房价不断上涨会对我国的经济发展产生怎样的影响呢？房价不断飙升，引起居民、政府、社会等各界关注。许多学者做了相关的研究。伴随着土地资源约束加剧、经济的快速增长，商品房的销售价格不断上涨（佟家栋，刘竹青，2018）。北京、上海、广州、深圳四个一线城市房价的涨幅更是迅猛。相对于 2003 年，2017 年四个一线城市的房价分别上涨了 621%、398%、342%、739%（袁冬梅，邓师琦，刘建江，2020）。目前，房地产业成为我国经济中的重要产业。但是，近年来，由于实体经济在现实经济中的利润率下降，很多企业放弃实业而转向房地产行业投资，实体经济投资萎靡不振。这种行为对于追求利润的企业无可厚非，但对于我国经济的长期发展未必有利（陈斌开，2018）。房价会影响居民的生活需求、投资需求，影响消费与储蓄，进而影响经济社会发展。房地产泡沫会产生"挤出"实体经济的影响。当房价不断上涨，房地产投资收益大于实体经济收益时，会"挤出"实体经济，并有可能不断积累金融风险。房地产行业通过产业链带动上下游关联产业发展，高房价带来的不利影响会传递到宏观经济层面。彭俊华、许桂华、周爱民（2017）研究发现低于一个临界值的房价会促进实体经济的增长。在关注高房价对居民消费、实体经济影响的同时，许多学者也逐步注意到高房价对创新的影响。一般来说，房价上涨是一把双刃剑，对城市经济高质量创新发展的影响是多方面的。房价会深刻影响城市、企业、居民的创新行为。城市经济高质量创新发展有赖于城市、企业、居民的创新行为。在经济进入高质量发展阶段的背景下，房价已然成为政府、企业、居民重点关注的影响高质量创新发展的重要因素。因而，研究房价对城市经济高质量创新发展的影响具有重要的现实意义。

目前学术界针对房价对创新的影响存在争议，对城市经济高质量创新发展也缺乏系统的研究。有些学者研究指出房价上涨有利于创新。例如，房价上涨会增加实体经济的自有房地产价值，抵押资产价值上升提高了创新主体的融资能力，缓解了创新主体的财务预算约束，为创新主体的创新活动提供更多的资金，促进创新发展。有些学者研究指出房价会抑制创新。例如，房价上涨会导致房地产及相关行业的投资回报率提高。为追求较高的利润，大量的资本会投向房地产，导致实体经济中的创新活动资金不足，进而影响创新能力的提高。可以肯定的是，过高的房价无论对实体企业发展还是居民生活都会产生巨大的负面效应，进而不利于经济高质量创新发展。

有学者研究认为房价上涨不利于提高资源配置效率、生产效率。资源再配置效率、生产效率是我国经济增长的重要来源，也会影响城市经济高质量创新发展。陈斌开（2018）指出在制造业内部，1998—2007年间我国制造业部门生产率的提升有接近一半来自资源配置效率的提高。然而，2004年以来，我国资源再配置对生产率和经济增长的促进作用大幅度下降，2008年金融危机之后，资源再配置对生产率的提升效应接近于0（陈斌开，2018）。究其原因，房地产及其相关行业生产率水平远远低于其他行业。房价快速上涨导致房地产及房地产相关行业的利润率大幅上升，然而，这些行业（包括房地产、钢铁、煤炭、水泥等）的生产率往往很低。房价上涨导致大量企业涌入这些低生产率的行业，造成资源从高效率的行业流向低效率的行业的"倒挂"现象（陈斌开，2018）。从这个角度来看，房价不断上涨不利于生产效率的提高。根据有关经济增长理论，经济增长的最终动力来自生产率的提高（Hsieh，Klenow，2010）。将资源从低效率企业配置到高效率企业，实现资源的有效配置是提升全要素生产率的重要途径（Hsieh，Klenow，

2009）。房地产行业快速发展只会不断增加整体经济中低效率产业的比重，降低资源再配置效率，造成资源再配置效应、社会总体生产率下降，最终拖累整体生产率的增长，故而不但无法促进经济增长，反而会阻碍经济的长期稳定发展（陈斌开，金箫，欧阳涤非，2015）。因而，房价不断上涨会推动房地产行业发展，房地产行业快速发展会增加城市整体经济中低效率产业的比重，对城市经济效率的提升是不利的，甚至可能会造成生产低效率，阻碍城市经济的高质量创新发展，进而降低城市经济的总体增长水平。

有学者提出房价上涨不利于激发创新。创新是高风险活动，充满不确定性，成本高、风险大。一般来说，只有当创新资金比较充足、创新的投资回报率比较高的时候，企业才有精力投资于创新，个人才会选择进行创新活动。对于企业而言，获取利润是至关重要的，如果投资房地产带来的利润远远高于进行研发和创新，众多企业会放弃创新而选择投资风险更小、收益更高的房地产行业。陈斌开（2018）指出在房价快速上涨时期，大量上市公司选择了少投入研发，多投入购买土地，进入房地产行业。对于个人来说，由于房价过快上涨，许多人会把购房作为保值、增值渠道，降低对创新的资金投入。对于负债买房的人来说，高房价提高了购房人们的负债和财务压力，使其往往不敢选择高风险的创业活动。高房价不利于激发人们的创造力。因而，房价快速上升在一定程度上会抑制企业创新和社会创业，对城市经济高质量创新发展是不利的。

房价上涨不利于提升城市竞争力。房价快速上涨会引发劳动力的工资水平不断增加、企业成本不断上升。一方面，房价上涨会造成本地居民的房租成本上升，引发生活成本的增加，劳动力所期待的工资水平会上升。另一方面，房价上涨会直接造成企业土地成本、用工成本的上升，从而提高企业生产成本。高房价也会导致部分劳动力流出，使城市发展经济所需的劳动力要素供给不足，如某些城市出现"民工荒"的现象。这又会通过劳动力的供求关系进一步提高劳动力工资水平。劳动力工资水平的增加会进一步提升企业的生产成本。陈斌开（2018）研究指出我国劳动力成本在 2004 年之后出现明显上升，房价上涨是劳动力成本上升的重要原因。当房价上涨侵蚀了劳动力成本优势，企业利润率和竞争力随之下降，给经济增长带来不确定性（陈斌开，2018）。

随着经济增长，劳动力成本、房价的上涨也是不争的事实。房价上涨还会影响产业的空间布局。之前我国处在人口红利阶段，经济结构中多以劳动力密集型产业为主，劳动力容易被同质化，掩盖了劳动力的异质性。但是随着人口红利的逐步减弱和消失，劳动力的异质性逐步显现出来（焦斌龙，孙晓芳，2013）。如果考虑劳动力的异质性，房价对不同劳动力流动的影响会不一致，劳动力集聚带来的产业分布也会不同。例如，佟家栋、刘竹青（2018）研究指出房价上涨更倾向吸引低学历劳动力流向建筑业，格外冲击劳动力密集型制造业企业的就业。Behrens、Duranton、Robert – Nicoud（2014）则研究认为高素质劳动力倾向于选择在大城市居住和就业，大城市中也分布着更多高生产率企业和高素质劳动力。一般而言，房价较高的大城市存在更多高效率的企业、劳动力、产业。但这些地区也存在部分生产率较低的企业、劳动力、产业。高房价城市中低效率的劳动力、企业、产业会发生空间转移。

房价上涨会影响产业的城市间的空间布局，但是并不意味着我国就要放弃某些产业。由于土地资源稀缺、房价等要素价格上升，产业在空间上的布局可能会发生改变。例如，沿海地区经济经过前一阶段经济的高速发展，土地已经成为一种稀缺要素，而中央政府又实施了严格的耕地保护政策，且不允许非农建设用地指标的跨省份交易，使沿海地区或大型城市发展经济所需的非农土地供给受到很大的限制，可能已经没有一般加工制造业的扩张空间，必然要进行"腾笼换鸟"。如果从旧产业释放出来的资源没有被有效利用到技术进步、产业结构升级中去，具有比较优势的新产业便不能有效弥补劣势产业衰退留下的空白。这显然会形成效率意义上的产业"空心化"。产业"空心化"理解为产业部门中缺乏具有结构升级带动力和产业控制力的主导产业，产业发展缺乏高技术、高加工成分。"规模空心化"和"效率空心化"这两个指标可以来衡量产业空心化。吴海民（2012）研究认为产业"空心化"往往伴随着以制造业为中心的物质生产在国民经济中的地位明显下降，出现行业性萎缩。这显然是一种规模意义上的"空心化"。产业"腾笼换鸟"要防止产业空心化。对于我国较为发达的地区来说，当传统产业发展到发达水平，市场需求扩张空间有限，特别是当城市经济高质量创新发展缺乏新的主导和支柱产业时，战略性新兴产业的发展就会成为城市经济高质量发展的重要任务。但是，对于某些城市而言需要转移的制造业还正是其他城市极为需要和欢迎的产业。例如，作为代工企业的富士康，在深圳市没有进一步发展的空间，却受到中西部地区城市的极大欢迎。从这个角度来看，房价等要素价格上升，并不意味着我国要放弃某些制造业，制造业是技术创新的产业载体，是一个大国永远不可以衰落、消亡的产业，否则，国家将失去技术创新的载体，失去经济高质量创新发展的技术支持。国家要通过提升产业的技术水平，向更加先进、环保、高效的制造业体系发展，来稳定经济增长。

一个地区的高房价还会影响劳动力的预期，高房价地区会有较高的工资，进而影响创新型劳动力流动、企业区位选择、产业布局的调整。因而，房价对城市经济高质量创新发展的影响也会存在多个维度。例如，当一个地区借助高房价获得更多的土地转让收入，进而增加对当地的基础设施、公共服务的投资时，从这一角度看高房价对当地的发展起到促进作用。

大量高素质的劳动力有可能会选择流向房价较高的城市。大量创新型劳动力的流入会产生集聚经济。集聚经济的本质是生产要素在运输成本、规模报酬递增、知识溢出等八大因素下集中的动态过程，其中，知识溢出是最高层次的集聚动力（梁琦，李建成，陈建隆，2018）。生产要素的选择效应形成集聚中心，继而通过集聚在此的生产要素之间的"竞争""共享、匹配和学习"机制进行再选择，从而形成分类效应和集聚中心自我强化效应，即集聚中心的可持续。也就是说，高技能劳动力的选择会提高集聚密度，放大集聚优势。而这反过来又促使更多的高技能劳动力倾向于选择集聚密度更高的大城市。从这个角度来看，房价较高的城市一开始吸引了大量高技能劳动力流入，会通过集聚经济持续吸引高技能劳动力的流入。具有更高技能的劳动力个体有更大的机会在较大的城市中形成更高的生产率优势并且赚得更多（工资溢价），导致更多具有更高技能的劳动力通过选择和分类进入大城市。梁琦、李建成、陈建隆（2018）研究指出集聚了更多高技能劳动力的城市可形成更优质的技能匹配、溢出效应等优势，进而又提升了城市中企业和劳动力的平均生产率，如此循环往复。这也解释了现实中许多高房价城市依然具有较多的创新型劳动力、高新技术产业、较高创新活力的原因，例如，高房价的深圳市依然保有较高的创新活力。

异质性劳动力跟随产业在集聚力的作用下进入城市开始生产，当集聚程度超过最优状态时，出现更为激烈的市场竞争和过度拥挤，落后产业被迫在分散力的作用下转移出去，"优胜劣汰"的市场机制也会导致次优劳动力在竞争中被迫重新选择就业区位（梁琦，李建成，陈建隆，2018）。在这种情况下，次优、次低、低技能劳动力在竞争和高生活成本等作用下进入相应规模的城市。从而，因为微观主体的选择，大量劳动力的重新区位选择还有可能重新形成不同级别的城市，重构城市层级体系。

因此，从劳动力和企业的角度来看，这些微观主体的选择行为导致了选择效应。从城市的角度来看，这些异质性劳动力和异质性企业的选择效应导致了城市的分类效应。分类效应使得城市群中形成城市层级体系，也使得区域之间形成区域差异（梁琦，李建成，陈建隆，2018）。例如，改革开放以来，深圳崛起为一线城市，成为中国特色社会主义先行示范区。这一时期，劳动力的流动模式也发生了巨大改变。劳动力已不仅仅是向北京、上海、广州和深圳等一线超大城市流动，也逐渐向其周边城市迁移，使得以超大城市为核心的城市群经济迅速发展，以城市群为导向的劳动力区位选择趋势变得非常明显。例如，长三角城市群的形成、珠三角城市群的形成。在发展过程中，一个城市一旦聚集了高技能劳动力，会不断吸引劳动力流入。在劳动力技能互补的情况下，城市的劳动力技能分布和配对环境可以影响异质性劳动力的区位决策。在高、低技能劳动力同时存在的情况下，首位城市会拥有最大份额的高技能的劳动力，而不会出现次等规模城市中高技能劳动力份额超越首位城市的情况（Eeckhout, et al., 2014）。从这个角度来看，高房价引发的劳动力流动可能会使城市层级重新洗牌，可以为有关城市提供弯道超车的机会。

生产要素的素质决定了城市的素质和地位（梁琦，李建成，陈建隆，2018）。城市高质量创新发展在于高人力资本的劳动力、新兴产业培育或引入的竞争。城市经济高质量创新发展的关键是劳动力集聚带来的人力资本的积累，提高城市的创新能力。随着城市规模的扩大，高技能劳动力群体的群体性一般行为的影响会削减，个体的专项技能会产生新的更加适合的匹配。城市的集聚优势也可以从学习效应与技术进步两方面培养劳动力技能成长。因此，城市发展应该更加注重知识的积累，以便使劳动力技能可以从集聚中获得更大提升（Glaeser, Resseger, 2010）。知识搜寻过程的一般均衡模型表明均衡的关键在于高技能劳动力对知识合作质量和合作伙伴数量之间的权衡。假设不同的个体拥有不同类型的知识（或技能），都有通过区位选择以搜寻合作伙伴、交换思想以提高知识创新效率和概率的需求。Berliant（2006）研究发现知识结构的异质性是合作效应的关键，知识结构差异性太大的两个个体会存在较高的合作交流成本，而差异性太小（知识结构相似）的合作则收益甚微，大城市则提供了更多对不同知识类型的合作伙伴的选择空间，集聚降低了交流和搜寻的成本。因而，大量人才的流入可以使当地城市具备更好的知识溢出的微观基础。当前，我国许多城市对创新人才引进与创新创业给予了高度重视，希望通过引进高技能劳动力培育创新型产业，提高城市经济发展的内在动力。所以，在房价不断上涨的背景下，研究房价影响城市经济高质量创新发展的机制有助于相关政府部门制定更具针对性的人才吸引政策、产业发展政策等，来实现城市经济高质量创新发展。深入研究房价对城市经济高质量创新发展的影响有着十分重要的现实意义。

从上述文献中可知，房价影响城市创新、高质量发展的理论机制是多维的。但是，目前的文献并没有得出财务预算约束、房价与城市经济高质量创新发展的完整的研究体系。正是在这种背景下，本书系统研究了财务预算约束、房价对城市经济高质量创新发展的影响。尤其是我国目前处于高质量发展阶段，创新驱动作为我国经济重要发展战略，创新是促进我国经济高质量发展的中流砥柱，创新的能力培育是产业结构实现转型升级、经济发展方式成功转变的重要保障。创新对经济高质量发展的重要性是十分明显的。因此，在经济高质量创新发展的时代要求下，深入分析研究财务预算约束、房价与城市经济高质量创新发展之间的关联是值得的，也能为制定合理的房价调控政策措施、促进房地产市场健康发展提供经验建议，为相关政府部门制定促进城市经济高质量创新发展的政策提供参考。

（二）研究内容

本书沿着"研究问题阐述—理论机制梳理—模型构建—实证研究分析—城市经济高质量创新发展的措施建议"的基本思路展开研究。面对不断上涨的房价、经济高质量发展的时代要求，本书阐述了研究背景、研究内容、研究意义，接着系统地阐述了财务预算约束、房价与城市经济高质量创新发展的理论机制，然后根据公开数据进行财务预算约束、房价与城市创新发展的实证研究，财务预算约束、房价与城市消费经济质量的实证研究，最后根据理论机制和实证研究结果提出相关政策建议与措施。

本书详细阐述了财务预算约束、房价与城市经济高质量创新发展的理论机制。为了更好地理解房价对城市经济高质量创新发展的影响，本书第二章第一节分别详细阐述了我国房地产市场变迁的历史背景、我国房价特征以及影响房价的因素，并论述了城市经济高质量创新发展的内涵。第二章第二节从财务预算约束、房价与城市创新资金投入，财务预算约束、房价与城市创新型劳动力流动，财务预算约束、房价与城市产业创新发展机制，财务预算约束、房价与城市经济高质量创新发展四个角度，详细阐述了财务预算约束、房价与城市经济高质量创新发展的理论机制。创新资金、创新型劳动力是创新的关键要素。创新是一种高风险的活动。充沛的资金是创新活动得以进行的必要条件。创新型人才是创新活动得以开展的最重要的资源禀赋。正基于此，本书系统阐述财务预算约束、房价影响城市创新资金投入、城市创新型劳动力流动、城市产业创新发展的机制。本书第二章的重点在于通过梳理财务预算约束、房价影响城市经济高质量创新发展的相关文献，探究财务预算约束、房价影响城市经济高质量创新发展的理论机制。第二章的阐述为本书开展财务预算约束、房价影响城市经济高质量创新发展的实证研究奠定基础。

第三章根据有关理论机制以及梳理相关文献后，展开财务预算约束、房价影响城市高质量创新发展的实证研究，并提出了促进城市经济高质量创新发展的政策建议及措施。第三章以我国 35 个大中城市

1999—2018 年的相关数据为研究样本，构成面板数据。第三章所使用的数据来自《中国统计年鉴》《中国城市统计年鉴》《中国人口统计年鉴》《中国房地产统计年鉴》《中国劳动统计年鉴》《中国科技统计年鉴》、35 个大中城市历年统计公报、35 个大中城市所在省市的统计年鉴、中国经济社会发展统计数据库、中国知识产权局专利检索数据库以及相关政府部门网站。1998 年我国进行住房制度改革。《国务院关于进一步深化城镇住房制度改革加快住房建设的通知》决定，从 1998 年下半年开始，全国城镇停止住房实物分配，实行住房分配货币化。从某种意义上来说，1998 年开始的住房制度改革意味着我国房地产市场逐渐形成。因此，第三章选择 1999 年的数据为研究样本起点。

第四章根据有关理论机制以及梳理相关文献后，展开财务预算约束、房价影响城市消费经济质量的实证研究，并提出了促进城市消费经济高质量创新发展的建议及措施。消费经济的质量会影响城市经济高质量发展。第四章提出的相关建议也有助于促进城市经济高质量创新发展。第四章使用的数据来自《中国统计年鉴》《中国城市统计年鉴》《中国人口统计年鉴》《中国房地产统计年鉴》《中国劳动统计年鉴》、35 个大中城市历年统计公报、35 个大中城市所在省市的统计年鉴、中国经济社会发展统计数据库以及相关政府部门网站。第四章以 35 个大中城市 1998—2018 年的面板数据构建成研究样本，选择以 1999 年的数据为研究样本起点。

第五章总结本书的研究结论并提出相关的政策建议及措施。基于本书的理论机制和研究结论，本书提出了相关建议有助于相关部门制定更有针对性的创新政策、房地产调控政策、人才政策、产业政策、金融政策等政策措施，来促进城市经济高质量创新发展。

（三）研究意义

我国经济发展已经进入高质量发展阶段。经济结构转型、经济增长模式转换是刻不容缓的。在粗放式的要素驱动型向创新驱动的发展模式转换的过程中，创新越来越具有决定性作用。创新是经济高质量发展必不可缺的重要因素甚至是决定性因素。创新是引领高质量发展的第一动力。为了引导并激励创新行为，各级政府纷纷推出各项政策，如人才引进补贴、产学研合作政策、税收优惠政策等。房价不断上涨是我国经济发展过程中的重要特征。在现实中，房价成为政府、企业、居民都较为关心的问题之一。房价上涨也带来了一系列的现实问题。创新能力是衡量经济高质量发展水平的重要因素。创新研发所带来的新技术对提高潜在经济增长率具有关键作用。房价波动会对创新产生什么样的影响呢？其中房价波动影响创新的传导机制又是如何呢？如何调控房价来解决房价对城市经济高质量发展的不利影响呢？本书的研究将致力于分析这些现实问题。这对促进城市经济高质量创新发展有较强的现实意义。

虽然，房地产行业销售额占国内生产总值的比重较大，但是房地产行业本身的技术含量并不高。过高的房价会影响资源配置、创新主体的财务预算约束，影响创新效率，不利于产业的转型升级及经济的高质量发展。房价的上涨也可能会改变企业的投资结构。房价上涨会促使企业投资于短期高收益的房地产项目，从而抑制企业投资创新项目，不利于城市经济高质量创新发展。房地产价格增长过快、房地产价格出现泡沫更不利于企业创新。一旦房地产价格泡沫破灭，对房地产企业、相关产业企业的正常经营，以及经济的转型升级都可能会产生不利的影响。合理的房价对市场经济的健康运行有着重要的意义。房价过快增长对城市经济高质量创新发展是不利的，也不利于社会的稳定发展。随着房价的持续攀升，房价收入比不断走高。当越来越多的中低收入人群难以负担高企的房价时，便会影响到社会民生。房价上涨并没有为经济增长直接创造贡献。房价上涨本质上是一种财富转移，从农村向城市，从低收入人群向高收入人群的财富转移。因此，高企的房价会加速财富转移，加大社会收入差距（况伟大，2008）。这并不利于社会稳定。过高的房价会形成房价泡沫，从而引发金融危机（况伟大，2008），不利于经济高质量创新发展。

　　城市的创新发展会受到城市的诸多要素影响，其中城市的财务预算约束、房价水平是一个较为突出的影响因素。本书系统地研究了财务预算约束、房价影响城市经济高质量创新发展的内在机理。本书的研究完善了财务预算约束、房价影响城市经济高质量创新发展的研究体系。本书的研究还为城市调控房价、提升创新能力水平提供了现实、有效的决策依据。因而，本书系统分析财务预算约束、房价对城市经济高质量创新发展的影响，有助于为促进调控房价提供经实证检验的政策建议。基于财务预算约束的背景，本书系统研究房价对城市经济高质量创新发展的影响，并由此提出促进城市经济高质量创新发展的政策建议。

　　本书通过对现有文献的梳理，系统阐述财务预算约束、房价影响城市经济高质量创新发展的理论机制，为研究财务预算约束、房价上涨影响城市经济高质量发展奠定了理论基础，并通过城市创新产出、城市创新质量、城市创新效率、城市消费经济质量四个维度，实证研究检验了财务预算约束、房价对城市经济高质量创新发展的影响。本书研究财务预算约束、房价如何影响城市经济高质量发展，可以为制定宏观经济政策提供一定的借鉴意义，为相关政府部门制定促进城市经济高质量创新发展的政策措施提供经验证据。本书研究房价影响城市经济高质量创新发展的机制，能够为创新主体制定创新发展的战略规划、改革方向，以及如何充分发挥市场配置资源，进而为有效激励创新，促进城市经济高质量创新发展提供参考建议。

本书的研究结论还有助于为构建促进房地产市场健康发展的长效机制提供经验证据。本书的研究结论表明房价不断上涨并不利于城市创新发展。房价的过快上涨，使得人们购买住房不再单纯地为了满足居住需求，还可能是用于满足投资需求和投机需求。大量投资和投机资金进入房地产市场，导致房地产价格泡沫化发展。房地产价格泡沫化对低收入家庭造成巨大的生活压力，高房价还会使财富从低收入阶层向高收入阶段转移，进而导致社会阶层之间的收入和财富差距不断拉大，不利于社会的稳定发展。因此，有必要建立房地产市场健康发展的长效机制，防止房价过快上涨，有效抑制房价暴涨带来的资产泡沫，防范房地产业发展过热挤占创新资金和挤出人力资本，营造有利于城市创新发展的外部市场环境，纠正房价上涨可能带来的城市创新资源错配，为城市经济高质量创新发展提供一个良好的外部环境。

二、本书的逻辑结构、研究结论、研究创新

（一）研究框架、逻辑结构

本书以城市为研究的地域空间，将财务预算约束、房价与城市经济高质量创新发展纳入同一个理论机制。本书补充和丰富了学术领域关于财务预算约束、房价与城市经济高质量创新发展的相关研究。本书的具体研究框架、逻辑结构见图 1-1。

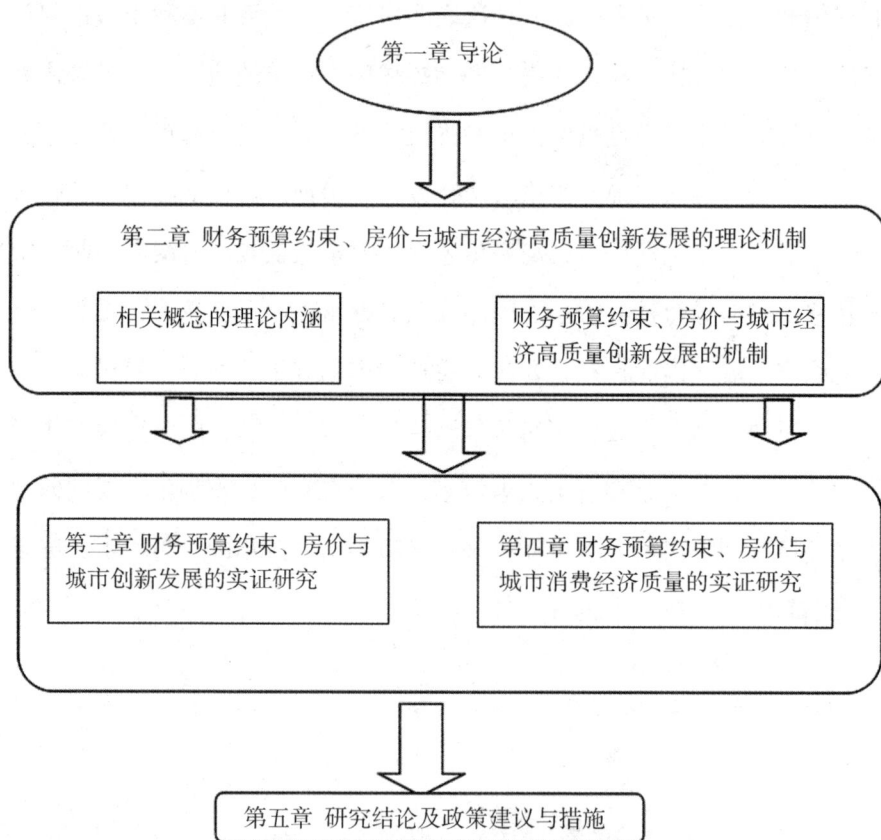

图 1-1　本书的研究框架、逻辑结构

（二）研究结论

本书的研究可以为高校教师、经济管理类学生、政府部门职员、其他从事经济工作的人员研究财务预算约束、房价与城市经济高质量创新发展提供理论与实践方面的借鉴。本书的研究结论可以为制定如何提高城市经济高质量创新发展的政策措施提供建议参考。

本书使用的数据来自《中国统计年鉴》《中国城市统计年鉴》《中国人口统计年鉴》《中国劳动统计年鉴》《中国科技统计年鉴》《中国房地产统计年鉴》、35 个大中城市历年统计公报、35 个大中城市所在省市的统计年鉴、中国经济社会发展统计数据库、中国知识产权局专利检索数据库以及相关政府部门的网站。本书以我国 35 个大中城市 1999—2018 年的相关数据为研究样本，并构成面板数据。

本书的研究结论表明，从财务预算约束影响城市经济高质量创新发展的角度来看，放松创新投入的财务预算约束，城市投入创新的资金增加，可以促进城市的创新产出。在我国的西部地区，放松创新投入的财务预算约束，创新投入的增加对促进创新产出增加的效应最明显。创新是高风险、高投入的行为。高质量的创新往往意味着需要更多的资金投入。一方面，创新资金的增加会提高创新主体进行高质量创新的意愿。另一方面，投入的创新资金增加可以使创新主体更能应对高质量创新失败的风险。本书的研究结论表示从全国水平来看，放松创新投入的财务预算约束，增加创新投入有助于提高创新质量。因而，适度放松财务预算约束、增加创新资金投入可以增加城市创新产出，有助于提高当地城市经济高质量创新发展。但是，本书的研究结果也说明了单纯地放松创新的财务预算约束、增加创新投入，不一定会提高创新效率。随着创新资金的不断投入，边际创新资金的创新产出会下降。这意味着我们要完善创新资金投入的政策措施来提高创新效率，如依据创新产出的成果来进行针对性的创新财政补贴的投入。

本书的研究结论表明，从房价上涨影响城市经济高质量创新发展的角度来看，我国东部、中部地区房价上涨对城市创新产出的增加有显著的负面影响。房价上涨会通过财富效应、挤出效应等对城市创新产出产生影响。一般来说，房价上涨过快或者房价相对过高所带来的挤出效应会大于财富效应，最终对城市创新产出带来负面影响。此外，从全国水平上、西部地区来看，房价与工资比值的增加会显著地降低城市创新质量，房价水平的提高不利于增加城市创新质量。

城市的产业结构也是影响城市经济高质量创新发展的重要因素。从全国水平、东部地区来看，第三产业的发展对于提升城市的创新水平是有很大帮助的。尤其是现代服务业会成为我国城市经济高质量发展的重要引擎。例如，移动互联网、数字和智能科技产业在我国的快速兴起，不断创新出网络化、数字化、智能化、产品和价值链的高端化的成果，推动我国城市经济高质量创新发展。移动互联网与经济和社会的融合发展带来了一系列创新，进而创造出一系列新产品、新服务、新产业和新业态。例如，从网络空间快速获得相关信息，网上订餐、订票、快递等多种新型服务出现。同样，数字和智能科技与经济社会的融合发展也带来了一系列的创新，如新零售、无人酒店、车联网、智能家居、智能安防、智能交通和三维数字展示在内的新型服务业等。以数字和智能科技为基础的现代服务业会成为我国城市经济高质量创新发展的强大推动力。本书的研究结果还表明，从全国水平、东部地区来看，第三产业比重较大的城市会有较高的创新效率。第三产业的发展尤其是高新技术产业的发展会有助于提升创新效率。例如，科教文卫行业的发展会集聚大量高素质的人才，推动创新效率。

市场化的发展是激发竞争的重要方式。为了在竞争中更好地发展，创新是必然的选择。本书的研究结果表明城市市场化的发展会显著地促进城市创新产出的增加。为了在市场中不断获得竞争优势，单凭创新产出难以获得长期的竞争优势。不断提高创新质量才是企业长期拥有较强市场地位的保证。因而市场化会促进创新主体不断提高创新质量。本书的研究结果表明，从全国水平、中部地区、西部地区来看，城市的市场化对于提高创新质量是有帮助的。获取较高利润，甚至超额利润可以说是企业不断创新的动力之一。市场化带来的激烈竞争是促进企业提高创新效率的动力之一。本书的研究结论得出，从全国水平、东部地区、中部地区来看，城市市场化的提高会有助于促进城市创新效率。

消费是经济发展的动力之一。消费经济质量也成为影响城市经济高质量创新发展的重要因素。本书的研究结论还表明财务预算约束较为宽松、经济发展较好的城市会有较为发达的城市消费经济。房价不断上涨会对消费产生财富效应、挤出效应。当房价不断上涨或者房价上涨到一定水平，房价对消费经济的挤出效应会超过财富效应，对消费经济产生不利影响。本书的研究结论显示全国水平、西部地区以城市房价与工资水平衡量的城市房价水平的提高会降低城市消费经济的发展。负债对消费的影响会产生两种效应。一方面，负债释放出来的流动性会促进消费。另一方面，对于经济发展较差的城市，负债会带来还本付息的财务压力，对消费产生较大的挤出效应，对消费的增加造成不利的影响。本书的研究结论显示我国西部地区城市负债水平的提高会显著地降低城市消费的发展。这表明要适度合理地举债，防止债务过高对消费经济产生负面影响。

(三) 研究创新

第一，研究视角的创新。以往大多数学者侧重于研究房地产投资对经济增长的影响。许多文献围绕房地产价格与研发资金投入、劳动力流动、产业迁移之间展开研究。鲜有文献直接研究房地产价格对城市经济高质量创新发展的影响。较少文献从财务预算约束、房价与城市经济高质量创新发展之间的机制出发，分析研究财务预算约束、房价对城市经济高质量创新发展的影响。本书构建了财务预算约束、房价与城市经济高质量创新发展的理论机制，并以此作为研究视角，将财务预算约束、房价与城市经济高质量创新发展纳入同一个模型中，对财务预算约束、房价影响城市经济高质量创新发展进行实证分析研究。

第二，研究范围的创新。多数研究往往停留在全国范围或者单纯的某个经济区域，分析研究房地产价格对经济增长的影响。以往的研究范围较为单一，实证研究并没有考虑不同地区的差异性。然而，经济发展存在区域异质性，房地产价格对经济增长的影响也会因为区域的不同而不同。城市是经济发展的最主要载体。考虑到经济发展的区域差异性，本书的研究以城市作为研究范围，分析研究财务预算约束、房价对城市经济高质量创新发展的影响。同时，基于地区发展存在差异性，本书分别以全国层面、东部、中部、西部的城市为视角进行深入对比分析，形成多层次的研究范围。

第三，理论机制的创新。以往文献大多单独研究房价对资金运动的影响、房价对企业投资结构的影响、房价对金融体系信贷资金的影响、房价对劳动力流动的影响、房价对产业迁移的影响、房价对经济增长的影响。本书构建财务预算约束、房价与城市经济高质量创新发展之间的理论机制。

第四，研究指标的创新。既有文献大多单纯地使用房地产价格或者房地产投资额来衡量一个地区的房价上涨水平。然而，本书认为不同地区或者城市之间的房价绝对值难以反映该城市的房价水平。例如，生活在不同工资水平的城市的人们对同等房价水平的感受不同。伴随着房价上涨的同时，不同地区或城市的经济发展、工资水平、人均收入上涨程度不同。不同地区或城市之间的经济发展水平、工资水平和居民的收入存在较大的差异。为了更好地反映不同城市的房价水平，本书采用房地产价格与工资水平的比值来衡量一个城市的房地产价格水平。房地产价格与工资水平的比值可以更好地反映不同城市之间的房价高低。

三、本书的研究方法

1. 文献研究法。在广泛阅读和参考国内外相关研究成果的基础上，梳理了财务预算约束和房价影响创新能力、城市经济发展、高质量发展、创新等相关文献，吸收相关领域知识，明确本书的研究目的、研究意义、研究方向、理论机制，总结可参考的研究方法，为本书的理论研究和实证研究奠定基础。

2. 理论研究方法。本书详细阐述了财务预算约束、房价与城市经济高质量创新发展的理论机制。通过理论机制的阐述，推导和定义城市经济高质量创新发展中的机制问题。

3. 实证研究方法。本书使用《中国统计年鉴》《中国城市统计年鉴》《中国人口统计年鉴》《中国劳动统计年鉴》《中国科技统计年鉴》《中国房地产统计年鉴》、35 个大中城市历年统计公报、35 个大中城市所在省市的统计年鉴、中国经济社会发展统计数据库、中国知识产权局专利检索数据库以及相关政府部门网站的数据，采用系统广义矩估计法（Sys – GMM）展开实证研究，相关的回归结果通过了 AR（2）二阶序列自相关检验和 Sargan 过度识别检验。

第二章

财务预算约束、房价与城市经济高质量创新发展的理论机制

第一节　相关概念的理论内涵

一、我国房地产市场变迁的历史背景

1978 年改革开放之前的 20 多年中，我国几乎没有房地产市场，没有房地产业，只有建筑业。从 1978 年改革开放到现在，我国房地产市场逐渐发展。在城市化、经济快速增长、住房金融改革等大背景下，城镇住房制度改革、城镇国有土地使用制度改革大力推动了我国房地产业的发展。自改革开放以来，我国城市经济快速发展，大量剩余劳动力流向城市。这也会增加房地产的需求。城市居民的收入增长来自就业的增长和劳动生产率的提高。在既定的时间内，生产率并不会增加太快。住房金融改革助力房地产业的快速发展，住房按揭贷款制度的广泛推行，使广大城市居民突破现有收入制约，极大地释放购房需求。房地产业的

发展对经济增长也曾做出过重要贡献。

1987 年 10 月，国家首次提出了建立房地产市场，确立了房地产市场的地位和作用，促进了房地产市场的发展。1988 年 3 月，全国人大七届一次会议上《政府工作报告》提出："结合住房制度的改革，发展房地产市场，实行土地使用权的有偿转让。"这又进一步促进了房地产市场的发展。商品房建设、销售、购买以及存量房买卖和租赁活动不断出现，逐步形成了新建商品房买卖和存量房买卖、租赁市场；政府有偿出让土地使用权并允许土地使用权转让的一系列政策和改革，使土地使用权出让和转让市场开始形成。1988 年 4 月 12 日颁布的《中华人民共和国宪法修正案》规定土地使用权可以依法转让，为我国土地使用权出让提供了法律依据，也为后来房地产市场发展奠定了基础。1991 年 10 月 17 日，国务院办公厅转发国务院住房制度改革领导小组《关于全面推进城镇住房制度改革的意见》，标志着房改已从探索和试点阶段，进入全面推进和综合配套改革的新阶段。这一时期，随着住房制度改革和土地使用制度改革的全面启动与推进，我国房地产市场初步形成，房地产投资增加，房地产价格上涨趋势明显。

1992 年 11 月 4 日，国务院发出《关于发展房地产业若干问题的通知》。该通知指出房地产业在我国是一个新兴产业，是第三产业的重要组成部分，随着城镇国有土地有偿使用和房屋商品化的推进，其将成为国民经济发展的支柱产业之一。《关于发展房地产业若干问题的通知》首次勾画出了房地产市场体系框架：房地产一级市场即土地使用权的出让，房地产二级市场即土地使用权出让后的房地产开发经营，房地产三级市场即投入使用后的房地产交易以及抵押、租赁等多种经营方式。该通知还提出了一系列推动房地产业发展的政策措施，包括进一步深化土地使用制度改革、继续深化城镇住房制度改革、完善房地产开发的投资管理、正确引导外商对房地产的投资、建立和培育完善的房地产市场体系等。在改革开放新高潮的大环境中，房地产价格放开，许多政府审批权力下放，金融机构开始大量发放房地产开发贷款，土地开发和出让规模迅速扩大。这对加快发展房地产业，对于提高土地既是资源又是资产的认识，促进土地的节约和合理利用，对政府筹集建设资金，加快城市建设和经济发展，都具有重要作用。

1992 年开始出现房地产过热现象。针对房地产过热现象，国家做出了对经济进行宏观调控的决定。例如，1993 年 6 月，国家发布的《关于当前经济情况和加强宏观调控的意见》、1993 年 11 月通过的《关于建立社会主义市场经济体制若干问题的决定》、1994 年 1 月 25 日发布的《关于继续加强固定资产投资宏观调控的通知》、1994 年 7 月 5 日发布的《城市房地产管理法》、1994 年 7 月 18 日发布的《关于深化城镇住房制度改革的决定》等一系列政策措施。在当时情况下，相关措施规范和发展了房地产市场，控制住房用地价格，促进住房商品化和住房建设的发展。1994 年中央与地方财政实行分税制之后，地方财政收支曾经一度出现困难。房价上涨带动土地价格上升，土地财政收入迅速上升。房地产业的发展使地方政府的土地财政收入迅速上升，补充了地方政府基础设施建设和公共产品提供的收入缺口。

在一定程度上，房地产业的发展与中国城市化、基础设施建设形成互为因果的循环，将我国经济推向重化工业大发展的阶段。房地产业在一定时期内成为我国经济的支柱产业具有一定的合理性。

1998 年 7 月，国务院发布《关于进一步深化城镇住房制度改革加快住房建设的通知》，宣布从同年下半年开始全面停止住房实物分配，实行住房分配货币化，并首次提出建立和完善以经济适用住房为主的多层次城镇住房供应体系。首先，调整住房投资结构，重点发展经济适用住房，加快解决城镇住房困难居民的住房问题。新建的经济适用住房实行政府指导价，按保本微利原则出售，其成本包括征地和拆迁补偿费、勘察设计和前期工程费、建安工程费、住宅小区基础设施建设费、企业管理费、贷款利息和税金等七项因素，原则上企业管理费不超过 2%、开发利润不超过 3%，使中低收入家庭有能力承受。其次，对不同收入家庭实行不同的住房供应政策。根据《国务院关于进一步深化城镇住房制度改革加快住房建设的通知》，对不同收人家庭实行不同的住房供应政策。最低收入家庭租赁由政府或单位提供廉租住房。中低收入家庭购买经济适用住房。其他收入高的家庭购买、租赁市场价商品住房。由于商品房价过高，广大中低收入家庭对政府经济适用住房寄予厚望，而经济适用住房供应量又非常有限，供需矛盾非常突出。

截至 1998 年年底，全国已经全面停止实物分房，中国城镇住房制度发生了一次根本性的转变。整体来说，1998 年城市居民住房制度改革以前，我国房地产行业占市场的比重较低。城镇住房制度改革、城镇国有土地使用制度推动了土地使用权出让和转让市场、新建商品房和存量房买卖和租赁市场。相应地，房地产抵押以及房地产开发、估价、经纪、物业管理等经济活动也很活跃。随着住房制度改革和土地使用制度改革的启动与推进，房屋和土地既是产品和资源又是商品和资产的认识由浅入深，房地产价值逐渐显化，房地产市场逐渐发展壮大。为了促进房地产市场发展，国家又陆续出台了相关政策措施。1999 年 7 月 29 日发布《关于调整房地产市场若干税收政策的通知》，以配合国家住房制度改革，有效启动房地产市场，积极培育新的经济增长点，对相关购房税收予以减免。为了促进我国居民住宅市场的健康发展，1999 年 12 月 2 日发布《关于个人出售住房所得征收个人所得税有关问题的通知》，对购房的相关个税做了调整。培育住宅业成为新的经济增长点的政策措施实施后，我国房地产市场发展迅速，房地产价格迅速上涨，住房建设迅速发展，个人购房比例不断增加。

始于 1998 年的住房制度改革到 2008 年全球金融危机成为我国房地产业发展的黄金时期，房地产业与 GDP 增长同步。2008 年全球金融危机，国内居民消费难以迅速上升，外需下降。为了促进国内经济增长，国家出台 4 万亿的财政刺激政策，以实现经济增长的目标。在出口受阻和制造业投资下降的情况下，房地产投资和基础设施投资在短期内确实能够迅速弥补出口和制造业投资下降所带来的产出缺口，维护了经济增长和就业水平。在财税制度与土地制度下，房地产业的快速发展带动了地方政府财政收入的增长，推动了地方建设。一方面，地方政府通过土地市场化出让以及房地产相关税收获取城市建设资金；另一方面，地方政府通过地方融资平台获得金融支持，凭借高估值的土地储备以地方融资平台的形式获得大量融资。一定程度的货币创造及其信贷扩张是有实体经济的健康运行作为物质基础的。但是，有些城市没有制造业作为基础，房地产与土地财政互为依托，由土地财政与土地金融推动的城市化建设，推动了房地产业的发展。与此同时，房地产业的快速发展深刻影响了我国城市建设的发展路径。以土地储备为抵押，通过地方融资平台获得大量债务融资成为城市发展的普遍模式。通过城市化的基础设施投资成为中国经济增长的重要动力。城市融资能力增强导致的最直观的改变是城市在空间范围内的快速扩张。在实体经济不振的情况下，地方政府期望以"造城"的手段更新城市基础设施，期望能够"筑巢引凤"，推动城市经济快速发展。

然而，房价过快上涨，一旦形成泡沫，对经济的发展不利。根据理性泡沫的相关理论，一定程度的资产泡沫对实体经济会产生有利的效应。然而，当资产泡沫过快膨胀，资源配置可能会发生扭曲。由于泡沫膨胀带来的资产回报率提高，过多的资本将投入泡沫资产，从而对实体经济产生"挤出效应"。当其他行业的利润率远低于房地产行业时，更多的资金投向房地产行业。最终导致整体经济的泡沫化。

中国的金融市场发展滞后，缺乏安全的金融产品，房地产不仅是基本的生产要素或者生活资料，而且成了家庭财产的重要部分，既是一种商品，也是一种资产。在中国人口老龄化趋势加重，养老保险账户面临危机的情况下，住房投机成为家庭财富管理的重要手段。由于中国主要城市房价一路单边上涨的周期特征，大量的居民储蓄资金被吸引进入房地产市场。

根据每年的房价增幅来看，有学者把时间段划分为1998—2003年，2004年及以后。佟家栋、刘竹青（2018）指出1998—2003年我国房地产价格增幅较小，每平方米只增加了343元。2004年及以后我国房地产价格增速加快，其背后的政策原因是2003年以来，国家出台的政策多次把房地产行业界定为"支柱产业"，通过刺激房地产市场的发展来促进经济增长。自此以后，我国住房价格快速增加。

2003 年我国遭遇了严重的"非典"疫情，第一、二季度的 GDP 增长率下降到 6.7%。有观点认为，高房价能够促进房地产及相关行业（如钢铁、煤炭、水泥等）的发展，从而达到宏观上推动经济增长的目的。反之，如果政府对房地产进行调控，遏制房价上涨趋势，就必须以牺牲经济增长为代价。房价会影响许多居民的生活生产。从某种意义上来说，政府在房地产市场上面临"稳增长"和"惠民生"的权衡，通过放松房价的调控以保持经济平稳增长。为了刺激经济增长，2003 年 8 月 12 日国务院出台了《国务院关于促进房地产市场持续健康发展的通知》（18 号令），对我国的住房市场进行了重大调整，影响了之后的房地产市场发展。《国务院关于促进房地产市场持续健康发展的通知》首次明确强调"充分认识房地产市场持续健康发展的重要意义，房地产业关联度高，带动力强，已经成为国民经济的支柱产业"，同时，提出促进房地产市场持续健康发展是促进消费、扩大内需、拉动投资增长、保持国民经济持续快速健康发展的有力措施。

从住房供应结构上来看，2003 年 8 月 12 日发布的《国务院关于促进房地产市场持续健康发展的通知》要求坚持住房市场化的基本方向，不断完善房地产市场体系，更大程度地发挥市场在资源配置中的基础性作用。《国务院关于促进房地产市场持续健康发展的通知》坚持以需求为导向，调整供应结构，以经济适用住房为主的多层次城镇住房供应体系变为多数家庭购买或承租普通商品住房，确立了以商品房为主的城镇住房供应结构。此后，我国的房价水平开始持续上涨。1998—2003 年我国商品房每平方米的价格只增长了 343 元，而房改后的第一年（2004年）比前一年暴涨了 352 元，并且我国广州、深圳等地在 2003 年首次

出现了"用工荒"现象（佟家栋，刘竹青，2018）。为稳定房地产价格
波动，实现房地产市场供需平衡，2005年4月27日，国家发布《关于
切实稳定住房价格的通知》。2005年，《国务院办公厅转发关于做好稳
定住房价格工作意见的通知》中指出房地产业是国民经济支柱产业，
应正确认识当前房地产市场形势，及时解决存在的突出问题，促进房地
产业健康发展，对于巩固和发展宏观调控成果，保持国民经济平稳较快
发展，具有重要意义。从客观上来说，房价上涨往往带来房地产业的繁
荣，房地产产业发展确实在短期内促进了经济增长，高房价能拉动
GDP，而且对相关行业的拉动作用也比较大（梁云芳，高铁梅，贺书
平，2006）。

　　另一个对房价影响比较重要的时间点是2008年。2008年全球经济
危机爆发。为降低国际金融危机对中国外部需求的负面影响，2008年
12月的中央经济工作会议上，国家要求"发挥房地产在扩大内需中的
积极作用"。从短期来看，房地产业确实可以起到稳定经济的作用，在
应对国际金融危机等方面，确实也起到了一定的作用。为了拉动经济增
长，我国政府实行了积极的财政政策和适度宽松的货币政策，进一步推
动了房价的加速上涨。根据2019年《中国统计年鉴》的数据，2007年
全国商品房平均销售价格为3864元，2008年全国商品房平均销售价格
为3800元，2008年比2007年略有下降。但是，2009年全国商品房平
均销售价格为4681元，增幅较大。根据佟家栋、刘竹青（2018）的研
究，货币超发、土地财政是此轮房价上升的原因。从货币超发方面来
看，2008年货币政策调整为适度宽松后，2009年我国M2实现了
28.5%的增长，新增信贷规模增速高达95.3%，受投资渠道的限制，

大量资金只能流入房市，不断推高房价（佟家栋，刘竹青，2018）。从土地财政方面来看，2003年土地"招拍挂"制度实施以后，地方政府拥有了土地供给的绝对垄断权，土地经营收入逐渐成为地方政府重要的财政收入来源（佟家栋，刘竹青，2018）。2008年，经济危机爆发以后，大幅度增加财政支出来扩大内需是最便捷的手段。伴随着财政支出的不断扩大，政府债务不断增加。在防止政府债务过快增长的前提下，地方政府只能更加依赖土地财政来继续扩大财政支出，推动经济发展。在此背景下，2010年全国土地出让收入占地方财政预算的比重高达74.14%（佟家栋，刘竹青，2018）。为了获取高额的土地出让收入，提高土地出让价格便成为一个选项。土地出让价格的提升进一步推动了房价持续、大幅上涨。

自1998年住房体制改革以来，房地产行业在国民经济中的比重不断加大。房价也开始不断增加。根据2019年最新的《中国统计年鉴》数据，我国1998年的商品房平均销售价格为2063元，2018年的商品房平均销售价格为8737元，增加了3倍。房地产市场规模越来越大，其发展变化不仅影响金融安全和社会稳定，而且影响整个国民经济的健康运行。考虑到房地产及相关产业的整体生产效率不高，国民经济中房地产业比重较大，不利于提高整个社会的生产效率。房价的高涨还会对消费者产生挤出效应，最终并不利于经济高质量创新发展。

国家也意识到房价过快上涨会带来较多负面影响。2020年4月17日召开的相关会议重提"房住不炒"，要坚持房子是用来住的、不是用来炒的定位，促进房地产市场平稳健康发展。从我国房地产市场变迁发展的历史背景来看，政府一方面要培育和发展房地产市场，另一方面又要调控和驾驭房地产市场，防止房价过快增长。

二、我国房价特征及影响房价的因素

从国家统计局的统计数据中可知，城市房价不断增加。本书从以下三个方面去理解城市房价上涨的内在机制。

首先，房价上涨得益于具有支付能力的居住需求。在城市化过程中，人口不断向城市集聚，城市的房价不断增加。而高企的房价依然无法阻止某些产业、人口向城市集聚。新经济地理学以边际报酬递增的聚拢效应来进行解释。在新的企业组织、全球产业链环境下，高端创新人才、低端劳动力之间的收入差距逐渐扩大。随着技术升级，创新型高新技术企业对高端人力资本的需求不断增加。高端人力资本的培育需要时间。在一定期限内，高端人力资本的供给是有限的。在这种背景下，高端创新人才的报酬会逐渐增加。城市地区良好的基础设施、较多的工作机会、较好的公共服务使高端人力资本倾向于居住在城市区域。城市中较高的工资水平使当地劳动力具有购买住房的经济基础。

其次，房地产的金融属性也助推了房价的快速上涨。随着房地产价格的不断上升，房地产成为投资回报率相对较高的安全资产，吸引了大量资金的进入，进一步提升了城市区域的购房需求，推动当地的房价上涨。

最后，城市良好的公共服务提升了当地的房地产价值。便捷的交通、良好的教育条件、较高的医疗水平、较为丰富的公共文化资源等因素提升了城市房地产的价值。土地和附着在土地上建筑物的不可分割的

统一体，被视为房地产。该统一体价值总和的货币表现可以用房地产价格来反映。

与其他一般商品不同，房地产具有消费品和投资品的双重属性，房地产价格具有其独有的特征。

一是具有权益性。房地产价格也可以被看作受市场供求关系影响的权利价格。房地产作为一种不动产，具有使用、消费、投资的属性。在我国，以对房地产所拥有的使用权为基础，包括占有、使用、收益和处分的权利。在房屋的租赁、质押和抵押等过程中，可以获得经济利益。通过权利关系的转移，来实现房地产交易。

二是具有趋升性。土地作为一种不可再生的自然资源，具有稀缺性。随着城市化过程的加剧，对土地资源的需求远大于供给，使土地价格不断上涨。土地是房地产存在的基础，土地成本、房屋的建筑成本共同构成了房地产商品的成本。土地价格是影响房价的重要组成部分。在既定的城市范围内，土地资源具有稀缺性。我国对土地管理制度较为严格，对土地资源进行管制，加大了土地市场供求不平衡，地方政府对出让土地实行垄断定价。为了获得更多的财政收入而提高了土地价格。土地价格是房地产价格的重要组成部分。土地价格的不断上升自然也会增加开发房地产的土地成本，促使房地产价格的不断增加。随着经济发展水平、社会文明程度的不断提高，人们对居住条件的要求会不断增加。房地产的建造成本不断增加。在一定的城市范围内，房地产的供给是缺乏弹性的。城市化过程中不断增加的城市人口，提高了对住房的需求。在房地产的供求关系作用下，房地产开发商为了保持一定的利润率，往往会通过提高房地产的定价转嫁成本，使得房地产价格不断增加。

三是具有预期性。心理预期、房地产投机与房价之间存在相关关系（Malpezzi，1999）。房地产作为社会财富的代表，购买房地产进行投资是人们寻求财富保值、增值的重要手段。当一个城市具有较好的经济发展前景、人们对该城市的未来充满信心时，人们会预期该城市的房地产价格不断上升。对房地产价格的预期是影响购房者做出购买决策的重要因素。出于节约购房成本或投机的目的购入房地产，对当地房地产的购买需求会增加，当地的房地产价格有可能会增加。时筠仑、雷星晖和苏涛永（2005）指出心理预期会影响房地产价格，当预期房价要上涨，住房购买需求增加，房地产价格上涨。当一个城市的经济发展前景较差，人们对该城市房地产市场持消极、悲观的态度，人们预期当地城市的房地产价格可能会不断下降，由此对当地房地产的购买需求会下降，当地的房地产价格有可能会降低。因此，当地房地产的市场价格会受到人们对房地产的价格预期的影响。况伟大（2010）选取中国 35 个大、中城市的面板数据，发现消费者对房地产价格的预期影响投资的欲望，进而影响房地产价格。

四是具有地域性。每个城市的经济发展程度、交通基础设施、教育资源、自然资源、社会文化等都不尽相同。房地产作为不动产，具有不可移动性。房地产价格会深受所处的地域特征的影响。即使在同一城市，房地产价格也会随着周边的基础设施、教育资源、交通便利程度的影响而有所差异。地域性是房地产价格的重要特征。

五是具有波动性。在一定的城市区域内，由于土地供给的有限性，房地产供给缺乏弹性，供给量相对有限，房地产价格更受需求变化的影响。房地产具有资本属性，具有增值潜力。出于投机目的，一些人购买了房地产，以期待赚取高额收益。这些投机行为的出现会加剧房地产市场需求变动，房地产价格也会随之发生较大幅度的波动。房价涨幅过大，并不利于当地的经济发展，也不利于改善当地的民生。为了维护经济健康发展、保障和改善民生，政府部门往往会对房地产市场实行宏观调控。这也会对当地房地产价格的波动产生影响。

六是如果调控不及时，房地产价格容易出现泡沫。由于土地资源的稀缺性、不可移动性、不可替代性，房地产往往成为最常见的泡沫载体之一。当房地产价格脱离房地产自身价值，并且持续上升远高于房地产的均衡价格，就会出现房地产泡沫。通常来说，一种商品的价格上升时，对该种产品的需求会减少，供给会增加。相反，当一种商品的价格下降时，对该种产品的供给会减少，需求会增加。刚性需求、消费需求和投资性需求是房地产的三大需求。对于刚性需求来说，房地产是必需品，对房价缺乏弹性。对于消费需求来说，购买的住房用于改善当前的居住条件，具有一定的价格弹性。对于投资需求来说，把房地产视为商品，房价上涨的趋势会激发投资需求。在房地产泡沫的运行机制中，房地产的价格机制却与一般商品相反。当房地产价格上升时，人们预期未来房地产价格持续上涨，反而会导致房地产的需求量增加。同时，房地产产权持有人待价而沽，希望以更高的价格出售，出现房地产惜售现象，房地产的供给量反而可能减少。这会促使房地产价格进一步上涨。当房地产价格上升时，作为抵押品的房地产价值增加，可以获得更多的贷款。获得的贷款继续流向房地产市场。这种房地产的投机行为更加推动了房地产价格上涨。除了投机行为之外，货币供应的急剧增加也是产生房地产泡沫的重要原因。当房价上涨到一定水平，房地产泡沫破灭。

在房地产市场中，恐慌情绪开始蔓延，房地产需求量不增反而大降。房地产产权持有人纷纷抛售，房地产供给不减反增，加剧了房地产价格的下跌。房地产供给量增加，却没有相应的需求来承接。房地产价格断崖式下跌。人们预期房地产价格将持续下跌。

一个城市的房价会受到房地产税、房地产开发建造成本、宏观经济、宏观经济政策、人口规模、需求供给、公共服务等多种因素的影响。

第一，房地产税会影响房价。随着我国住房制度改革、经济发展，我国房地产市场快速发展、房地产投资持续增长、房地产价格不断上涨。为了控制房地产价格不断攀升，相关政府部门出台了一系列措施，以防止房价过快增长。其中，房地产税是近年来较为热门的话题。改革开放以后，1984 年 10 月政府决定恢复对国有企业开征房产税，并把城市房地产税分为房产税和土地使用税。1986 年，国家发布《中华人民共和国房产税暂行条例》；1987 年，国家发布《中华人民共和国耕地占用税暂行条例》；1988 年，国家发布《中华人民共和国城镇土地使用税暂行条例》。这些制度的制定和施行标志着我国房地产税制开始恢复。从理论上讲，房地产税易于征管，可以为地方政府提供稳定的税源。由于房屋和土地在空间上不可移动，房地产税基本不会因为税收政策流向其他地区。由于房地产的物质属性是看得见的，人们对税务机关难以隐藏房地产税，使逃避房地产税变得困难。在商业周期的短期波动中，房地产保值增值功能较强，随时间推移减少的可能性较小。基于房地产价值评估的房地产税可以为地方政府提供充足的税收来源。从为地方政府提供稳定而有效的收入来源来看，房地产税是较为理想的地方税税种。

房地产税是许多国家和地区较为重要的地方税种。但是，目前我国房地产税制并不尽合理。房地产投资和销售环节的税收负担较重，而房地产保有环节的税收负担较轻（王明坤，2003）。我国房地产税种较多，各个税种的政策目标过于专门化，难以协调税种之间的政策目标，作为整体的房地产税的政策目标不清晰，过于多元化（谢伏瞻，2005）。此外，我国房地产税的课税标准繁多，诸如面积、交易价格、投资总额、评估价格等课税标准，会降低税收杠杆的调节力度（杜雪君，吴次芳，黄忠华，2008）。我国房地产税流转环节税负偏重，保有环节税负偏轻。在保有环节税负偏轻而流转环节税负偏重的情形下，我国房地产税对房地产市场的影响是无效率的（Li 和 Song，2008）。我国现行房产税征收范围较窄，主要向经营性用房征收。居民住宅（除上海、重庆外）并不属于房产税的征税范围。居民住宅在我国大量存量房中占据较大比重（梁美健，马亚琨，2020）。房地产税也会影响社会资源配置。对居民个人住房持有阶段所征的税收会降低家庭消费支出（William，Mitchell，1973；奚卫华，2011）。Bibbeea（2008）研究表明课征房地产税有利于房地产资源的合理配置，因为房地产持有人在房地产税收负担的压力下，为降低房地产持有成本，提高房地产投资净效益，不得不对闲置的资产加以合理且充分的利用。同时对房地产课税也可以优化房地产投资和其他资本产品投资之间的组合关系，减少房地产投机，适当增加一般商品的消费量，促进有效需求的扩张，从而刺激经济增长，促进社会资源的合理配置。有些学者认为房地产税是中性的，不具有扭曲效应，即对房地产征税不会影响房地产资源配置效率（Tiebout，1956）。一方面，我国多年来的房地产税制建设，促进了房地产税收入增加，推动了地方财政建设；另一方面，房地产税的征收促使房地产建造成本增加，影响房地产价格、资源配置。因而，我国构建合理的房地产税制显得具有重要的现实意义。但是，并不是每一个国家的房地产税制改革都可以取得预期效果。Boelhouwe 等（2004）研究发现比利时、法国、荷兰等国家的房地产税制改革并没有对房地产市场发展产生预期效果，丹麦、瑞典、德国、美国等国家的房地产税制改革则对房地产市场发展产生了积极作用。

个人住房房产税能够增加住房持有成本，促进住房市场流通，进而引起房价波动（梁云芳，张同斌，高玲玲，2013）。房屋的建造成本、地租和政府的税收是房屋价格的主要组成部分。房屋的建造成本每年都在折旧。短期内税率不变，房价上涨本质上是地租在涨，高房价本质上是高地租（况伟大，2008）。房地产税作为地方税中较为重要的一个税种，人们期待房地产税能使地方政府减轻对土地财政的依赖，能调节房价，这也符合国家再次重申"房住不炒"的定位。2020 年 5 月 22 日，政府工作报告提道"坚持房子是用来住的、不是用来炒的定位"。我国房地产税对房地产价格存在影响，其影响包括直接效应和间接效应。其中，直接效应就是房地产税收资本化，而间接效应则指房地产税可以通过辖区内的地方公共支出作用于房地产价格。

房地产税通过税收资本化来影响房价。房地产税资本化是指纳税人在购买房地产时，将以后应纳的税款在买价中预先扣除，以后虽然名义上是买方在按期缴纳税款，但实际上是由房地产卖方负担。对于房地产购买者来说，房地产税会增加拥有房子的成本。因而，需要纳税的房地产和不需纳税的房地产的初始价值显然是不一样的。房地产税资本化会导致应税房地产价值的下降，其下降的数额等于未来应纳房地产税额的现值。一般来说，课征房地产转让所得税，房地产交易成本增加，投资者的价格预期会发生变化（安体富，王海勇，2004）。房地产税的资本化会降低潜在购买者对房地产的出价。尤其是当购房者拥有多种投资途径，购房者面临的需求弹性较高时，房地产税资本化效应就更为明显。从这个角度来看，房地产税资本化会降低房价。有关学者研究指出，个人住房房产税在一定程度上会抑制房价（Zodrow，Mieszkowski，Pigou，1986；况伟大，2012）。Benjamin、Coulson 和 Yang（1993）分析了美国费城房地产转让所得税政策对住房价格的影响，研究结果发现房地产所得税的提高，降低了房地产价格。Du、Zhang（2015）研究发现房产税对房产价格存在抑制效应。孙少芹、崔军（2018）实证研究表明个人住房房产税对房价有抑制作用。梁美健、马亚琨（2020）使用我国 30 个省份 13 年的面板数据构建模型，利用经验数据对我国房产税实施效果进行实证分析，研究结果表明房产税税收对房价具有显著的抑制作用，房产税的征收对收入分配具有正向调节效应，有利于缩小贫富差距，提升社会公平性。然而，有学者指出房地产税并不能有效地控制房价上升，提高房价，使得房地产税转嫁给了消费者（Netzer，1966）。况伟大（2012）使用 1996—2008 年我国 33 个大中城市数据的检验，研究发现对住宅开征房地产税，不能有效抑制房价上涨。

然而对房地产征税并不必然导致房地产价值下降。政府将房地产税收收入用于扩大地方公共支出，改善地方公共基础设施和公共服务，如道路、学校、消防、安全等，促使房地产增值。在其他条件不变的情况下，居民愿意出更高的价格购买社区环境好、公共服务完善的房子。在这种情形下，房地产增值的原因并非个人投入、维护或改建，而是由于地方公共服务资本化。因此，对这类房地产征税既体现了"涨价归公"思想，避免房地产持有人占有全部不劳而获的财富，又能为地方政府创造稳定的财政收入。

房地产税会通过影响公共服务支出资本化来影响房屋价格。根据税收受益原则，税收负担应根据公共服务的受益程度来分配。如果将房地产税收入投资于基础设施、城市服务等公共项目中，会成为公共项目的成本，在城市基础设施和服务中的投入支出会被资本化入房地产价值，房地产税通过公共支出资本化增加了房地产的价格。Hamilton（1975）、Fischel（1992）提出受益观点，假定地方政府的公共服务完全由房地产税来提供。根据受益论，房地产税是居民对地方政府所提供的辖区内公共服务和公共物品的付价（Oates，1969；Hamilton，1975；张平，任强，侯一麟，2016）。如同市场中的价格，房地产税起着调节作用。居民会根据当地的公共服务、税负来选择居住地（Tiebout，1956）。因而，家庭根据自己的负税能力、偏好，享受不同地方政府提供的公共服务。例如，胡洪曙（2007）研究指出人们将对地方公共服务带来的收益与税收负担成本进行权衡，并选择相应的居住社区，以实现动态平衡。基于付出和受益对等的关系，人们为了获取更高的公共服务，可能会愿意支付更高的房价，如交通、学校、消防、安全等房地产所在地的城市基础设施和公共服务的改善会提升社区的生活质量。一栋位于郊区的、周围基础设施较差的住宅和一栋同样质量的位于市中心的住宅的市场价值是相差甚远的。市中心的住宅受益于周围完善的公共服务，会有更高的价格。例如，一个地区的交通水平会影响企业的通勤成本和通勤效率。良好的交通水平有助于提升当地的房价。如果将房地产税收入用于改善地方公共基础设施、公共服务等，房地产价值将进一步增加，提高住房价格。在其他条件不变的情况下，居民愿意出更高的价格购买社区环境、城市基础设施好的房子。从这个角度来看，房地产税会通过公共支出资本化来影响房价。Hyman 和 Pasour（1974）研究了美国北卡罗来纳州的 106 个城镇房地产税、地方公共支出与房价之间的关系，研究发现房地产税、地方公共支出与房地产价值不一定存在显著关联性。其可能的原因是公共服务资金来源的多样化，降低了放低房地产税、公共服务支出与房地产价格之间的关联。Hamilton（1976）把房地产税变量引入 Tiebout 模型，分析了房地产税、地方公共支出与房价之间的关系，研究发现房地产税、地方公共服务与房地产价值之间存在显著的相关性。如果房地产税用于改善地方公共服务，房地产税就可以被资本化为土地、房屋价值的一部分（Lind，1973）。McDonald（1993）研究发现房屋价值会显著地受到房地产税率及房地产税水平变动的影响。这意味着在房地产税公共支出资本化作用下，征收房地产税未必会降低房价，反而会提高房价。

借鉴 Rosenthal（1999）、陈多长（2005）、胡洪曙（2007）、杜雪君（2009）学者对房地产税与房价关系研究模型，本书通过房地产税影响房价的理论模型，系统阐述房地产税对房价的影响。

假定 R_k 为第 k 年的房租收益，m_k 为第 k 年的维修费用，g_k 为第 k 年的预期增值收益，i 为贴现率，N 为房地产使用年限（受所占用土地的使用年限限制，在我国住宅用地使用年限最长为 70 年，住宅建设用地使用权自动续期）。因此，k 的取值范围如下，k = 1，2…，N。

房地产每年的投资收益：$R_k - m_k + g_k$。

房地产在时间点 t 上的房价是房地产未来持有期间净收益的贴现值为

$$P_t = \sum_{k=t+1}^{N} \frac{(R_k - m_k + g_k)}{(1+i)^k} \tag{1}$$

假设每年房地产租金收益在持有期间相等，设 $R_k = R_0$。假设每年房地产的维修费用在持有期间相等，设 $m_k = m$。假设每年房地产的预期增值收益在持有期间相等，设 $g_k = g$。房地产到期自动续期的情况下，$N \to \infty$，则房地产持有期间的现值公式（1）可以简化为如下公式

$$P_t = \frac{(R_0 - m + g)}{i} \tag{2}$$

由于房地产交易税，各期房地产净收益会因房地产税收资本化而减少。税收资本化，即税收可折入资本，冲抵资本价格的一部分，即纳税人在购买不动产或有价证券时，将以后应纳的税款中预先扣除。虽然名义上是买方在按期缴纳税款，但实际上是由卖方负担。税收资本化属于买方向卖方的转嫁。房地产税收资本化会使房地产持有人各期预期增值净收益减少。即公式（2）中 g 会因为房地产交易税减少。

假定对持有房地产征税是基于去年的房地产价值，按照一定税率进行征收。房地产征税导致的净收益的减少额为 τP_{t-1}。其中，P_{t-1} 为去年的房地产价值，τ 为一定的征税比例。则考虑税收条件下，在 t 时间点上的持有房地产期间的价值表达式如下

$$P_t = \sum_{k=t+1}^{N} \frac{(R_k - \tau P_{t-1} - m + g)}{(1+i)^k} \tag{3}$$

　　为了突出房地产税对房价的影响，假设 $R_k = R_0$、房地产价值各期相等，即 $P_{t-1} = P$，则 τP 为各期相等的房地产税。在房地产使用年限可以自动续期的情况下，在 t 时间点上，房地产持有期间的现值为

$$P = \frac{(R_0 - \tau P - m + g)}{i} \tag{4}$$

　　其中，P_t 为第 t 年时的房地产现值。人们会根据一个地区房地产税负、公共服务等情况，寻找更适合自己收入—支出偏好的地方居住，以使愿意承受的房地产价格、房地产税负、公共服务水平相匹配（Tiebout，1956）。Oates（1969）研究指出房地产税负对房价有负面影响，地方公共支出对房价有正面影响。但是，考虑到征收的房地产税提高了用于公共服务的财政支出，房地产税对房价的影响还需要综合考虑房地产税到地方公共支出的转换系数、地方公共服务的效率系数（胡洪曙，2007）。因此，房地产税收资本化产生的直接效用、由房地产税收带来的地方公共支出资本化的间接效用是房地产税影响房价的两个途径，可以用公式（5）来表示。其中，T 为房地产税收，E 为由房地产税带来的地方政府公共支出。

$$\frac{dP}{dT} = \frac{\partial P}{\partial T} + \frac{\partial P}{\partial E} \times \frac{dE}{dT} \tag{5}$$

　　其中，$\frac{\partial P}{\partial T}$ 为房地产的税收对房价产生的直接效用，用 t 来表示房地产税收资本化产生的直接效应导致的房价变动。$\frac{\partial P}{\partial E} \times \frac{dE}{dT}$ 为房地产税收带来的地方公共支出资本化对房价产生的间接效用，用 e 来表示房地产税收带来间接效应导致的房价变动。Oates（1969）研究指出如果房

地产税的财政开支主要是用于改善地方公共基础设施和公共服务,如道路、学校、消防、安全等。这些投资改善了城市公共基础设施和公共服务水平,因而社区居民的生活质量得到提高。在其他条件不变的情况下,居民愿意出更高的价格购买社区环境和城市基础设施好的房子。因此,基于公式(4)、公式(5),我们可以得到如下公式(6)。

$$P = \frac{(R_0 - m + g) - t + e}{i} \tag{6}$$

当购房者需求无弹性时,房地产税会转嫁给刚需购房者。此时,公式(6)中 $t \rightarrow 0$,房地产税通过地方公共支出资本化 e,增加房价。当住房供给无弹性时,房地产税由供给者承担。此时,当公式(6)中时 $t > e$,即房地产税资本化效应大于房地产税公共支出资本化效应时,房价下降。当公式(6)中 $t < e$,即房地产税资本化效应小于房地产税公共支出资本化效应时,房价上升。

在现实生活中,房地产每年的房租收益、预期增值收益会受到多种因素的影响,如城市规划、经济发展等。房地产税可以为地方政府提供一个较为稳定的财政税收来源。根据理论与国际经验,由于税收资本化,房地产税会降低房地产的价值。但是如果房地产税用于地方公共支出,又会提升房地产价值。Oates(1969)研究发现房价与公共服务呈正相关,与房地产税成反比,如果当地政府提高房地产税率带来的房地产税增加,用于地方公共服务投入,房地产价值可能会增加,可以抵消房地产税率对房价的抑制效用。房地产税影响房价的机制会受多因素的影响。在不同的因素下,房地产税对房价的影响不同。例如,在购房需求不变的情况下,房地产税转嫁给购房者,将导致房地产价格上涨。当房地产供给缺乏弹性时，房地产税由出售方承担，房价降低。当房地产转让所得税降低了购房需求时，实际房地产交易价格会下降。Benjamin、Coulson、Yang（1993）指出，当房地产供给缺乏弹性时，税收负担由卖方负担，对房地产征收转让所得税会导致短期房价下降。胡洪曙（2007）研究发现房地产税收资本化会减少房地产价值，公共服务资本化会增加房地产价值。如果可以考虑需求弹性，当需求弹性较小时，房地产税可以加到消费者身上，从而提高了房价。杨绍媛、徐晓波（2007）研究发现当购房者需求弹性小时，征收房地产税会导致房价上涨。王敏、黄滢（2013）研究指出从长期来看，供给方、需求方的强弱会影响房价，而不是房地产税影响长期房价。Simon（1943）、Netzer（1966）假定整个国家的资本回报固定且资本自由流动，从而资本不承担任何税负，当地消费者承担完全的房地产税，并以高房价的形式表现出来。这意味着当资本无弹性时，房地产税反而会推高房价。Mieszkowski 和 Zodrow（1989）认为房地产税并非是中性的，对房地产征税会扭曲房地产资源配置，影响资源效率，房地产税较高的地区房价反而较高，从理论上来看：一个地区征收较高房地产税会使当地的资本流出，降低土地、劳动力等生产要素的生产力和回报率，房地产和一般商品价格最终会提高；相反，一个地区征收较低的房地产税会吸引资本流入当地，改善资本、土地和劳动力要素的组合比例，提高了生产要素的生产力和回报率，降低生产成本，房地产和一般商品价格最终会下降。综上可知，国内外学术界对房地产税与房价关系进行了较多分析研究。由于基础数据缺乏，学术界对国内房地产税与房价的分析研究较少。相关的研究文献并没有得出一致的结论。

2020 年 2 月 14 日审议通过的《关于新时代加快完善社会主义市场经济体制的意见》，提出稳妥推进房地产税立法，健全地方税体系，调整完善地方税税制，培育壮大地方税税源，稳步扩大地方税管理权。从理论上来说，房地产税可以是地方政府财政收入的一个稳定来源，也可以作为政府调控房价的一个政策选项。

第二，有学者研究指出房价上涨的原因之一是房地产开发建造成本的提高。工程费用、安装费用和购置设备费用等构成了房地产的建造成本。房地产的建造成本是房地产开发成本的重要构成要素。房地产开发商可以减少房地产供给，进而提高房地产销售价格，转嫁较高的房地产建造成本，以保证自身的利润水平。Jud 和 Winkler（2002）使用美国 130 个大城市 1984—1998 年的样本来分析影响实际房地产价格变化的动力因素，研究发现人口增长、实际收入、实际建设成本和实际利率与房地产价格上涨显著正相关。任宏、温招、林光明（2007）研究认为房地产开发建造成本是房价中的重要构成要素之一。

第三，宏观经济也是影响房地产价格水平的重要原因。Filardo（2000）研究了宏观经济与房地产价格之间的关系。一方面，城市经济形势大好会吸引更多的投资流入。相对而言，房地产行业风险低、收益高。为获得较高的投资回报，投资者将更多的资金投向房地产领域。房地产市场的投资活跃度不断提升，房地产市场繁荣发展，房地产价格不断上涨。另一方面，随着经济的繁荣，经济的高速发展增加了人们的收入。随着人们收入不断增加，人均可支配收入也会增加，消费能力会显著提高，为投资创造了良好的社会经济环境。人均可支配收入可由人们自由支配以用于消费、储蓄。人均可支配收入反映人们的购买力和当地的经济发展水平。购买力的提高、对房地产市场的乐观预期使得对房地产消费、投资的有效需求增加，进而推动房价不断上涨。人均可支配收入的增加可以使人们追求改善居住条件。为吸引客户，开发商不断提高房屋建筑内部设计的舒适度、安全性，改善外部的周边环境。相应的房地产开发成本不断增加，房价也不断上涨。人均可支配收入的增加也提高人们对房地产的购买、投资需求。在供给缺乏弹性的情况下，房地产的居住需求和投资需求会引起房地产价格的波动。经济发展会影响当地的物价水平。物价水平反映了商品和服务的价格水平，是衡量当地经济状况的重要变量。在一定程度上，物价水平的变动率反映了通货膨胀或通货紧缩的情况。当物价不断上涨，房地产的建造成本也上涨。为保证自身的利润水平，房地产开发商通过提高房地产销售价格来转嫁成本。当物价上涨时，通货膨胀率增加。在既定的名义利率下，实际利率下降。资金的拥有者为了避免损失，实现增值保值，将持有的货币资金投向房地产领域，从而会导致房地产需求增加，进一步导致房地产价格上涨。因此，在经济形势良好的情况下，房地产价格上涨的可能性较大。施建刚、朱华（2004）研究认为房地产与其他产业有较强的关联，对经济的增长有促进作用。潘安兴、王芳、张文秀（2007）使用四川省1992—2005 年 GDP 数据，研究发现 GDP 对房价有长期稳定的影响，对房价有促进作用。

第四，城市房价还会受到宏观政策的影响。房地产行业作为国民经济发展的重要产业之一，深刻影响当地经济、民生。房地产业自然成为国家宏观调控的重点领域。宏观调控政策、制度因素也是导致房地产市场变化、房地产价格波动的重要影响因素（Muellbauer，Murphy，

1997)。例如，政府规划控制会对房价波动产生影响（Landis，1992）。房地产业的发展受到政府的土地制度、财政政策、货币政策和其他政策的影响。

财政政策、货币政策是宏观经济调控的重要政策工具，对房地产市场产生重要的影响。税收和政府公共支出是财政政策影响房价的两个重要维度。政府可以借助土地使用税、土地增值税和房地产税等税种来调节房地产的投资、购买行为，进而影响房地产价格。政府通过加大基础设施建设的支出来改善基础设施条件，一方面，会提升房地产自身的价值。另一方面，良好的基础设施也会不断吸引人口流入，增加购房者的需求，有助于提升房地产价格。货币政策可以通过调整利率和信贷规模来影响货币供应量，作用于宏观经济，影响房地产市场的供求关系，对房价变动产生影响。其中，利率是影响房价的重要因素。贷款利率反映资金借贷的成本，当贷款利率下降，用来贷款购买房地产的借贷成本就会降低，人们为了满足居住或投资需求而购买的房地产成本会下降，购房成本的降低会在一定程度上增加房地产的需求。当存款利率下降，银行收益相对减少，人们更倾向于将闲置的资金投入回报率更高的领域，其中房地产是人们选择投资的重要方面，房地产投资需求的增加会影响到房价的变化。同样，利率增加也会影响房地产价格。因此，利率水平成为政府调控房地产价格的一个政策工具。

土地政策、保障性住房制度、限购政策、购房补贴等其他经济政策也会影响房地产的购买、投资行为，从而影响房地产价格。例如，一个城市的土地政策会影响到当地的土地供应情况，进而影响房价。相对于需求而言，一个城市的土地供应相对宽松，房价不可能过快上涨。相反，一个城市的土地供应受限，房价就有可能过快上涨。

第五，城市人口规模也会影响当地房价。有学者研究指出人口因素也是导致房价上涨的重要原因。Mankiw 和 Weil（1989）研究发现美国的房价受人口因素的影响。Jud 和 Winkler（2002）得出同样的结论。一般来说，城市人口不断增加，与城市房价是有正相关关系的。城市是经济最主要的空间载体，新兴高科技产业、金融等高端服务业往往集中在城市区域。随着城市化进程，人口向城市的空间集聚，随着城市人口的增加，对城市区域的住房需求不断增加，对土地需求也不断增加。在城市的既定区域内，土地供给是有限的，房地产供给存在稀缺性，在这种情况下，城市房价不可避免地受到城市人口规模的影响。在住房供给曲线确定之后，房地产价格就完全取决于需求曲线的价格弹性、移动方向。房地产需求往往由居住需求、投资需求、投机需求组成。居住需求是房地产最基本的需求，家庭的收入水平、住房价格水平、其他区域的住房价格等因素影响住房需求。当房地产存在金融属性的时候，对住房就会出现投资、投机的需求。从房地产投资需求的角度来看，在城市购买房子并用于出租，可获取租金收入，形成投资需求。房地产的投机需求则是指等待房价上涨后出售、获取价差形成的住房需求。

城市居民收入增长、城市人口快速集聚与增长、城市住房所在地区公共产品（如交通、教育资源）的完善、城市经济的发展预期等因素，都会导致住房需求的改变。人口的集聚会给当地城市或区域的住房需求带来冲击。城市人口规模的扩大增加了住房需求，可能会导致房价上升。考虑到交通成本、人才资源等因素，高新技术产业、金融等高端服务业会集聚在城市区域，对文化、教育等公共产品的偏好，使得高收入阶层也会流向城市。城市区域往往具有更便捷的交通和较高质量的公共产品（高质量的学校、音乐会、图书馆、博物馆等）。高端产业、高收入人群在城市的集聚会使住房居住需求、房地产投资和投机活动增加，同时也可能会导致房价上涨，甚至泡沫化发展。

由于房地产兼具消费品和投资品属性，市场情绪也会对城市房价波动产生影响。当市场情绪普遍乐观时，投机者进入房地产市场套利。房价不断上涨引发人们购房，并产生"羊群效应"，不断激发人们购房的热情，甚至会引发人们的恐慌，将大量的资金投入房地产市场，造成"越买越涨、越涨越买"的循环怪象。

三、城市经济高质量创新发展的内涵

改革开放以来，我国经济快速增长。在经济高速增长过程中，土地、劳动力、环境等资源约束加剧。随着经济发展，各种要素价格不断上升，如地价、劳动力成本、房价不断上升。我国人口结构发生变化，我国劳动年龄人口（15—59 岁）进入下降阶段，劳动力成本优势逐渐减弱，人口红利逐渐消失，难以继续依靠劳动力密集型产业来推动经济发展，依靠大量投入生产要素的传统经济发展方式难以持续。在此背景下，我国经济难以保持高速发展。根据国家统计局公布的数据可知，2003—2011 年，我国国内生产总值增速维持在 9% 之上。2012—2019年，我国国内生产总值增速处于大于 6%、小于 8% 之间。2019 年我国的国内生产总值增速为 6.1%。我国的经济增速从过去 9% 左右的高速增长逐步下降到目前 6% 左右的增长。我国经济发展已进入新常态，经

济由高速增长转变为中高速增长。如何面对经济增长速度有所下降的新常态是值得深入研究的问题。

或许经济增长理论可以分析研究目前经济增速有所下降的问题。随着经济发展，关于经济增长的理论也不断完善。古典增长理论、现代经济增长理论、新制度经济学派等都是关于经济增长的理论。古典增长理论是最早的经济增长理论。古典增长理论的代表人亚当·斯密指出得益于生产要素投入、生产分工带来的技术进步共同作用，生产效率不断提高。经济持续性增长依赖于资本的不断积累。外生经济增长理论、内生增长理论共同构成了现代经济增长理论。外生经济增长理论以哈罗德—多马经济增长理论、索洛—斯旺增长模型为代表。罗默、巴罗等是内生增长理论的代表人物。外生经济增长理论认为技术进步才是经济增长的源泉，对经济增长能起到显著的促进作用，资本积累和劳动力的增加对经济增长的影响并不明显。内生增长理论进一步将技术进步视为内生变量，内生增长理论认为内生的技术进步是保证经济持续增长的决定因素，内生增长理论强调知识和人力资本在经济增长中的重要性。新制度经济学派认为制度会对经济增长产生深远影响，制度变迁与经济增长之间存在紧密的联系，技术的革新可以为经济增长注入活力。人们需要制度创新和制度变迁，并通过产权制度、法律制度等一系列制度，把技术创新的成果巩固下来，这有利于人类社会长期经济增长和社会发展。其中，新制度经济学派的学者诺斯认为制度对一个国家经济增长和社会发展起到决定性的作用。

从经济增长理论来看，多个方面的因素都会影响经济增长。随着经济增长，不能单纯依靠生产要素投入来推动经济增长。经济增长质量也愈加重要。

国家适时提出我国经济已进入高质量发展阶段。党的十九大报告指出："我国经济已由高速增长阶段转向高质量发展阶段。"高质量发展就是能够很好满足人民日益增长的美好生活需要的发展。高质量发展是建设现代化经济体系的必由之路。

转向高质量发展阶段，是新时代主要矛盾的必然选择，也是我们适应经济新常态、突破发展瓶颈的紧迫任务。从国际背景来看，更多新兴经济体加快了工业化步伐，利用其劳动力低成本优势吸纳制造业投资，使以增加要素投入为主的竞争更加激烈。为应对国际形势变化，加快经济高质量发展是积极有效的应对方式。从国内情况来看，随着人均收入的增加，国内市场需求结构加快升级，但国内供给侧还不能很好满足需求结构这一变化。国家指出中国特色社会主义进入新时代，我国社会主要矛盾已经转化为人民日益增长的美好生活需要和不平衡不充分的发展之间的矛盾。人民群众期盼有更好的教育、更稳定的工作、更满意的收入、更可靠的保障、更高水平的医疗卫生服务、更舒适的居住条件、更优美的环境、更丰富的精神文化生活，但发展不平衡不充分的问题成为影响满足人民美好生活需要的主要因素。现阶段的主要矛盾要求我们放弃速度偏好，重视发展质量。内外部条件的变化，使得我国原有增长模式越来越受到制约，迫切需要转变发展方式、优化经济结构、转换增长动力。

从狭义的角度来看，早期有些学者把生产效率的提升、社会产品数量和质量的增长视为经济增长质量。也就是说，科学技术对产出增长率贡献的增加是经济增长质量的体现。生产效率的提高意味着经济增长质量的提升。有些学者直接采用全要素生产率（TFP）等单一指标来衡量经济增长质量。全要素生产率反映了生产要素投入与产出的效率，是衡量不同生产要素对经济增长贡献的关键指标。一般来说，单纯地以资本和劳动力为投入指标、人均国内生产总值为产出指标计算得出的全要素生产率，不仅不能较好地反映生产要素的经济效果，而且并不能够全面反映经济增长质量的内涵。

随着对经济增长质量认识的逐渐加深，经济增长质量的内涵逐渐丰富。经济增长质量具有更为丰富的内涵是目前国内外学者普遍达成的一个共识。越来越多的学者认为经济增长质量是一种规范性的价值判断。经济增长质量还应包括机会分配、环境可持续性、全球风险管理和治理结构等这些关键要素。经济增长质量不仅重视增长数量，而且更重视经济增长的前景。经济增长质量内涵涵盖生产效率的提升、产业结构优化升级、经济增长的稳定性和可持续性、福利分配机制的优化、资源利用和生态环境的改善、科技创新能力的提升。

为了能够较为全面地研究分析相关因素对经济增长质量的影响，国内外许多学者分别从政治、经济、科技、制度、文化和环境等方面对经济增长质量的影响因素进行了全面系统的分析。例如，从经济结构的角度来看，产业结构、投资结构、消费结构、金融结构、区域经济结构和国际收支结构五种经济结构都会对经济增长质量产生影响。合理完善的结构可以促进经济增长质量，失衡的结构则会抑制经济增长质量，政府起主导的公共服务、转移支付和社会福利分配等制度也会深刻影响经济增长质量，有些学者认为政府转移支付、改善民生不仅能促进社会公平，还能提高经济增长质量，并且这种促进作用在中、西部落后地区中表现得尤为明显。政府对创新研发的转移支付在整体上有助于经济增长质量的提升。除了科学进步的作用之外，人力资本和创新能力都对经济增长质量具有促进作用。此外，有学者认为传统文化资本、市场文化资本会对经济增长质量产生影响，传统文化资本和市场文化资本分别通过提高人力资本和技术进步来提高经济增长质量。在环境方面，环境保护制度与经济增长质量有着普遍的联系，环境保护的加强有助于提高经济增长质量，投资型环境规制比费用型环境规制更为有效，环境保护和经济增长质量存在双赢的可能性，经济增长质量的提升也会促进环境保护强度的增加。

经济高质量发展涉及经济、社会、政治、文化、全体人民的思维方式等多个方面。我国城市经济高质量创新发展是一个深刻的系统性变革过程，涉及技术、体制、利益、观念等各个方面。创新则是经济高质量发展的关键，涉及技术创新、产品创新、组织创新、商业模式创新、市场创新。产业结构调整的根本出路也在于创新。例如，打造工业化中后期的工业结构体系依赖于工业转型升级，实现工业转型升级，发展现代产业体系，就是要在新的更先进的技术基础上全面提升各个产业的自主发展能力、创新能力和国际竞争力。加快传统产业优化升级、大力发展战略性新兴产业需要依靠创新，可以通过创新使产业链从低端走向中高端。

国家指出创新是经济高质量发展的第一动力。美籍奥地利经济学家约瑟夫·阿洛斯·熊彼特（1912）在其代表作《经济发展论》中提出以创新为核心的经济发展理论，建立了创新经济学。创造性破坏是创新的本质。创新的基本内涵是旨在建立一种新生产函数或供应函数，是在生产体系中引入生产要素的生产条件的新组合，不断地打破经济均衡，创新作为一种生产要素从外生变量过渡到内生变量。熊彼特认为创新是创新要素之间的重新组合，是一种新的生产函数，依靠内部自身创造性来实现经济发展。从这个角度来看，高质量创新发展更重视内部自身的创造性。

"创新"是一个比较宽泛的概念，并不局限于某一特定领域。从创新的范畴来看，创新包括产品创新、技术创新、市场创新、组织制度创新，涵盖了技术、生产、管理的全过程。通过生产消费者尚不熟悉的产品、产品的某一新的特征来实现产品创新。通过新的生产方法、新的工艺过程创造更多的价值，来实现技术创新。以科技为依托的技术创新是经济增长的重要影响因素。技术创新是影响经济周期发展的驱动力。扩大原有的市场份额或进入新的市场领域来实现市场创新。组织制度创新同样属于创新的重要范畴。组织制度创新则是指在管理制度、管理手段、管理机构、管理方式等方面的制度创新可以衍生出新的经济价值和社会价值。

对于市场经济来说，企业是创新的重要主体，技术创新与发展离不开企业的重要推动。预算约束是企业创新的内在动力之一。创新是成功率较低、风险较大的事情。创新投资只有极少部分可以带来收益，大部分的研发项目因为无法转化成实际的生产率而导致投资成本无法回收，使企业难以获得收益（Scherer，1998）。由于信息不对称，投资者对于企业的研发项目优劣无法做出切实可靠的判断，风险溢价因此提高。在进行创新资金的外部融资时，企业需要支付更高的融资成本。创新周期长、市场环境复杂等因素导致研发结果能否转化成现实生产力具有不确定性。一旦创新出来的新产品或新技术无法在市场上实现转化，企业就要付出较大的代价。创新活动的资金使用成本与研发投资呈负相关关系（Hall，2002）。一般来说，财务预算约束对企业创新产生显著的抑制作用。创新能力会因融资约束的影响变得更加脆弱，不利于企业创新能力的提高。

适应市场环境的不断变化以满足市场需求是企业的生存之道。企业进行创新活动的意愿与数量很大程度上取决于市场需求。这称之为"需求引致创新"。创新成果符合市场需求，并在市场中实现价值是判断创新价值的依据。随着需求规模的不断扩大，市场利润逐渐庞大。为了追求更大经济效益，在"需求引致创新"的作用下，企业不断投入资源，提高自身竞争力，从而为创新提供保障。企业创新投入获得市场回报，为企业以后进一步的创新发展提供了资金支持，从而提升当地的创新水平。从这个角度来看，市场需求可以看成创新的外在动力之一。

但是城市创新是一个复杂的系统创新，会同时受到城市创新资源、创新环境的影响。本书认为，创新包含生产技术创新、产品创新、组织创新、制度创新、市场创新和金融创新等多个方面。企业技术创新、产业技术创新、区域技术创新、国家技术创新等共同构成了技术创新。通过创新活动带来更多的经济和社会价值，促进经济发展和社会进步是创新的目的。创新并不是单独发生的，创新能力的提高不只是企业或任何一个单一创新主体单独作用的结果。创新是政府、企业、个人、高等院校和科研院所、金融机构、公共服务、政策制度和法律法规等社会各因素共同作用的结果。因而，对于一个城市来说，构建创新体系来促进当地的创新是十分必要的。

城市是当地的经济、政治、文化中心。城市集聚了大量的科技、人才、信息、资金等要素，是经济活动的最主要空间载体。创新活动也主要发生在城市区域。有关学者对城市创新的内涵进行了分析研究。赵黎明、李振华（2004）认为城市创新是指各主体在特定的城市经济背景下，通过技术上、管理上、生产方式上的创造性变革，进行协调整合，改变传统的资源配置方式和城市发展模式，提高生产效率，促进城市产业协调发展、产业结构高级化，使城市发展获得新的经济增长点。城市技术创新反映了城市创新系统主体在生产过程中吸收、掌握、运用、创造新知识、新技术、新信息的能力，实现新产品、新工艺、新服务的现实转化，推动城市生产力的提升。城市层面的技术创新是指通过将城市内的企业主体、产业主体、科研机构、科学技术园区、高等学校等有机地结合在一起，通过对资源的优化配置，实现技术创新，推动城市经济高质量发展。孙红兵、向刚（2011）认为城市创新是指在城市空间范围内，基于创新系统理论框架，通过新的生产函数或者重新组合生产要素，将知识、技术、信息、资本等要素纳入生产过程，使创新成果成为可以投入市场的新的产品或服务，提高城市生产力水平，为城市创造更多的经济和社会价值。城市创新系统理论表明以企业为主体，以市场为导向，官产学研、金融制度、法律法规等相辅相成、深度融合，共同构成的创新体系，来支持、促进创新活动的发展，共同提高系统的创新能力，促进城市的经济发展和竞争力提升。

城市创新的主体是指参与城市创新活动的行为主体。在一定的区域空间范围内，各创新主体在地缘上的集聚，可以使各主体拥有相近的制度、文化背景和社会规范，便于各创新主体之间的交流合作，有利于促进创新成果的扩散和共享。城市创新的主体主要是企业、高等院校、研究机构。其中，企业是技术创新的重要力量，企业整合物质资本和人力资本等创新要素，进行生产技术和生产方式的变革，提高生产效率，获得经济利润。企业、高等院校、研究机构等创新主体并不是孤立地存在于一个市场。在城市范围内，城市创新主体对城市发展所需要的资源和能力进行整合，创新主体相互协调、共同创新，提升当地的创新水平（梁湖清，朱传耿，马荣华，2002）。在创新网络体系中，创新主体互相交流、互相分工、交互学习，各种技术生产出新知识、新技术、新产品。创新主体之间的联系、合作、自主研发决定了创新体系中创新能力的高低，创新主体之间沟通、交流越密切，城市的创新能力就越强。企业、科研机构的交流合作是一种合理的社会分工，科研机构有利于为企业提供外部的专业知识，企业为科研机构提供有效的市场信息，有利于促进科研机构的创新成果市场化，科研机构之间的交互式学习可以节约研发时间和研发经费，有利于创造出更多的创新成果，提高创新效率。

政府、金融机构、法律法规等因素构成了城市创新活动的外部环境。城市创新活动离不开外部环境的支持。这些外部环境有助于提高城市创新活动的效率，实现城市经济、社会的发展。例如，政府作为制定创新制度的主体，制定有利于创新活动的税收制度、金融制度、知识产权制度等。政府可以为创新活动提供良好的政策和制度环境，是城市创新系统中必不可少的参与者。国家税收财政政策、对知识所有制的保护政策等会影响创新投入。政府的税收优惠、财政补贴至少在短期内可以促进企业创新投资的增加。

企业、政府、高等院校和科研院所、金融机构、法律法规等要素共同构成了城市的创新网络体系。良好的城市创新网络体系可以整合知识、科技、人才、信息、资本等创新要素，实现资源的最优配置，促进新知识、新技术、新产品、新市场、新制度等的创造和扩散，并将创新成果转化为现实的生产力，提高当地的创新效率，提升创新水平，促进资源配置效率，促进城市产业结构高级化，有助于促进城市经济的高质量创新发展。

所谓高质量发展阶段，核心要求就是要把提高供给体系质量作为主攻方向，彻底改变过去主要靠要素投入、规模扩张，忽视质量效益的粗放式增长，以及由此产生的产能过剩、杠杆增加、风险加大、效益低下、竞争力不足等问题，通过提高质量和效益实现经济的良性循环和竞争力提升。从一定意义上可以说，经济高质量发展实质就是要从资源驱动、资本驱动等要素驱动的增长方式，转变为创新驱动的增长方式。这是经济快速增长与经济高质量发展的重要区别之一。因而，创新型人才的集聚、创新活动的开展、创新型产业的发展是城市经济高质量创新发展的支撑。城市经济高质量创新发展就是创新主体整合各方面获得的资本、技术、人才等创新资源，进行新技术、新产品、新市场等创新，通过各创新主体的创新能力的提升，最终共同提升城市的创新能力，促进城市经济高质量发展。城市经济高质量发展有助于实现人民日益增长的美好生活需要。从需求性质来看，人类需要大致可划分为三个层次。第一层次是物质性需要，指的是保暖、饮食、种族繁衍等生存需要，这是人类最基本的需要。第二层次是社会性需要，它是在物质性需要基础上形成的，主要包括社会安全的需要、社会保障的需要、社会公正的需要等。第三层次是心理性需要，指的是由于心理需求而形成的精神文化需要，比如，价值观、伦理道德、民族精神、理想信念、艺术审美、获得尊重、自我实现、追求信仰等。人民日益增长的美好生活需要要求先进的供给体系质量。这有赖于城市经济高质量创新发展。

城市经济高质量创新发展具有全方位、宽领域的特点。我国城市经济的转型发展体现了从要素推动向资本推动和技术创新转变的进步过程。各类产业转型升级的共同特点是更加依靠先进技术创新，尤其是依靠自主知识产权的自主创新。实现城市经济高质量创新发展，就是要发展现代产业体系，就是要在高新技术基础上全面提升各个产业的竞争力。在经济全球化竞争格局下，城市经济的竞争力都必须以产业竞争力为基础，实现产业以依靠技术创新、制度优势为特征的创新竞争力源泉，发展现代产业体系。这是我国城市经济高质量创新发展的战略方向。

第二节　财务预算约束、房价与城市经济高质量创新发展的机制

目前，我国面临着经济增长方式的转变。我国经济由高速增长阶段转向高质量发展阶段。创新成为引领经济高质量发展的第一动力。国家正在实施创新驱动发展战略，将创新放在了国家发展全局的核心位置。我国经济增长正由要素驱动、投资驱动向创新驱动转变。产业结构升级也是适应经济发展方式的要求。创新是产业结构升级的基础之一。创新是城市经济高质量发展的新动能，对提升我国的核心竞争力起到关键作

用。在现实中，高房价的北京、上海、深圳等城市依然是创新重地。资本、技术和人才等创新资源也越来越向城市集聚。

随着1998年住房制度改革以来，我国房地产市场逐渐发展，房地产价格不断上涨。高企的房价成为我国宏观经济的重要特征。房价受政府、企业、居民高度关注，会深刻影响市场参与者的行为。资本、技术和人才等是创新离不开的资源。创新离不开资本投入，创新投入是指创新主体将资本投入技术研发、产品研发、科研创新、新市场增加等领域，为创造出新产品、新知识、新技术而增加的资金投入。创新主体的预算约束会影响创新投入。自有资金和外部融资资金是创新主体的主要来源。创新投入是对创新生产函数的探究。创新投入的结果与整个创新研发活动的过程密切相关。通过提高创新投入，可以吸引人才、获得技术。资本、技术、人才等创新资源的流向也深受房价的影响。

那么，房价会通过哪些机制影响城市经济高质量创新发展呢？房价的变动会改变创新主体的财务预算约束，进而影响城市创新资金投入。例如，城市房价上涨可能会使投资结构发生扭曲，挤占创新资金。房价的变动会使劳动力的相对效应发生改变，影响城市创新型劳动力的流动。例如，过高的房价会提高人们在当地的生活成本，加大生活的财务预算约束，可能会阻碍高人力资本的劳动力流向当地，从而影响当地的创新。房价的波动会影响当地创新产业的迁移、发展，最终还影响城市经济高质量创新发展。

一、财务预算约束、房价与城市创新资金投入

创新活动具有高投入、高风险及收益周期长等特点。资金和人才是影响创新的重要因素。创新所需的大量资金投入成为创新面临的主要约束之一。一旦创新主体受到财务预算约束的限制，创新主体的创新资金不足，会对创新主体的创新、生产率和竞争能力产生负面影响，从而不利于城市经济高质量创新发展。房价上涨会改变创新主体的预算约束。例如，一方面，房价快速上涨给投资房地产的组织带来高额利润，导致大量资金投入房地产市场，势必会影响创新主体的财务预算约束，限制创新资金的流入；另一方面，在经济组织内部，房地产过度繁荣会挤占研发部门的要素投入，从而抑制企业全要素生产率的提高。城市房价过快上涨会挤占企业创新资金，造成投资结构的扭曲，不利于提升城市经济高质量创新发展。

具体来说，房价上涨对创新能力的影响可以分为"财富效应""资源重配效应"。房价上涨可以通过"财富效应"放松创新主体的预算约束，增加创新研发投入，从而有助于提高创新能力。房价上涨会提高用于抵押的资产价值，这有助于创新主体获得更多的融资资金，可以对企业用于研发创新的资金进行补充。创新主体更有可能投入较多的资金进入创新活动。房价的上涨可以增加拥有房地产投资的非房地产企业的财富，企业财富的增加会促进企业资本的积累，扩大投资，丰富的资本可以为创新活动提供更多的资金，充沛的创新资金有助于开展创新活动，提升创新能力。

    房价上涨会通过"资源重配效应",影响创新研究的资金投入。依据资产组合理论,当不同资产的期望收益率出现相对变化时,投资者就会调整投资组合。例如,提高投资回报率较高的资产比例,降低期望收益率较低的资产比例。企业往往会把有限的资源在不同的项目之间进行分配,实现最大化利润水平。近年来房价持续上涨,房地产投资比创新研发更有利可图,大量资金会流向房地产业。相应地,流向创新研究的资金会减少。房价上涨对非房地产投资产生"挤出效应",导致了非房地产行业融资约束加剧。房价上涨使房地产行业的投资回报增加,银行更乐于将贷款提供给房地产行业,其他行业可以得到的贷款就会减少,这就形成了金融资源错配效应。房价过快上涨会使房地产成为信贷资金的蓄水池,吸走实体经济的资金。在我国利率管制的金融体系下,国有企业会以较低的成本获得信贷资金。有些国有企业会通过多种渠道把信贷资金投入房地产相关行业,从而进一步削减实体经济的创新资金。

    房价上涨使得金融资源向房地产业集中,流向创新的资金相应减少。研发投入对创新具有显著的促进作用,房地产价格上涨所带来的高利润吸引更多的资金流向房地产行业,面临既定的财务预算约束,投入创新研发的资金会减少,不利于创新发展。因此,房价上涨带来的"资源重配效应"是指在较高的投资回报率吸引下,不论是银行信贷还是企业自身都倾向于把更多的资金投入房地产行业,从而使得原本用于创新活动的资金减少,挤占了创新资金,对创新发展产生抑制效应,不利于创新水平的提高。

    合理的房价变动是指房价的上涨或下降与经济活动的变化(国内生产总值、人均可支配收入)相一致。非合理的房价变动往往是指房价的上涨或下降脱离了基本经济规律。房价适度上涨可以起到融资缓解效应，在一定程度上放松创新预算约束，使更多的资金投向创新行为，有助于企业创新。房价上涨会产生"抵押效应"。随着房价上涨与土地价格上涨，住房、厂房、土地价值上升，增加了厂房等抵押品的价值。资产价值提升能提高创新主体的抵押融资能力，改善创新主体面临的融资约束。例如，以此作为抵押可以从银行获得更多的贷款资金。创新主体因此获得更多的贷款，放松创新预算约束，相应地，投向创新的资金会增加，促进创新主体的创新投资，从而在一定程度上促进城市创新发展。因此，房价一定程度的上涨会提升房产拥有者的融资能力，放松预算约束，有利于促进创新发展。房价快速上涨产生的影响具有异质性和偏向性。对于房地产企业而言，会面临用工和用地成本的上涨，进而挤压企业投资规模。这也不利于创新投入的增加。

一般来说，过高的房价、房价泡沫会对当地的创新带来不利的影响。在经济学中，把过度投机而造成的商品价格严重偏离商品价值的失衡现象称之为泡沫。房价过快上涨会挤占原本可投入研发过程中的创新资金，不利于创新能力的提升，降低创新产出。金融机构也更倾向于将贷款发放给投资收益高、投资风险小、还贷能力强的房地产企业，挤占了其他行业企业的融资资源，非房地产行业企业外部融资成本被迫提高，融资难度增加，相应地，投向创新的资金会减少。

从产业方面来看，随着房价不断上升，房地产行业利润增加，会使房地产行业利润远高于社会平均利润水平。随着我国经济进入新常态，实体经济产能过剩，投资回报率下降。一旦实体经济的投资回报率显著低于房地产部门，房地产行业过高的投资回报率会吸引更多的资金流入，相应地，流入实体经济部门的资金就会减少，实体经济部门的预算约束会收紧，使得研发资源可能会被挤占，导致资源错配，不利于创新，从而阻碍实体经济部门创新能力的提高。Chaney、Sraer、Thesmar（2010）研究发现房价上涨会增加对房地产行业的贷款，使其他行业的信贷需求无法得到满足。

从政府部门来看，随着房价的不断上涨，地方政府有可能会降低对创新服务的投资。随着房价的不断上涨，地方政府会获得更多的土地财政收入。例如，2011—2016 年，地方政府土地出让金总额为 21.57 万亿元，占地方财政收入总额 42.86 万亿元的 50.34%，这还不包括涉及中国房地产的 11 种税费收入，如房产税、营业税、土地增值税、印花税等（刘建江，石大千，2019）。房价的上涨、房地产业的繁荣会使地方政府对土地财政收入和房地产税收的依赖度增加。地方政府更有可能维护土地财政的内在动力，缺乏动力去提供创新性服务（刘建江，石大千，2019）。

从企业角度来看，首先，基于房价上涨—企业房地产投资—企业研发投入的内在机制，资本的逐利性使企业倾向于选择收益率更高的投资项目，重置资本配置，强化创新资金的预算约束，不利于创新活动的开展。企业由于融资约束问题的存在，无法获得大量的流动资金。一方面，面对不断上涨的房地产价格，企业会受巨大的利润差额吸引。另一方面，企业为增加经营的稳定性，减少研发周期长、风险大等不确定的创新活动。基于这两方面的原因，企业往往会依靠缩减原来的投资规模，进而转向投资于房地产。部分实体经济企业改变原有投资计划，许多非房地产企业涉足房地产业务，将有限的资源投入房地产行业，必然对其原本用于设备更新、人员培训、创新项目的资金造成挤出效应。因而，房价持续多年快速增长所带来的"高回报、低风险"效应，使企业改变了原有投资结构，挤出了企业创新投入。陈斌开、金箫、欧阳涤非（2015）使用我国2000—2007年工业企业的数据，研究发现住房价格的增长、过快的房价上涨率提高了房地产业及相关行业的投资回报率，使有些企业将更多的资金投入这些行业中，生产性部门的技术创新投入被挤占，使得工业行业的资源再配置效率下降。一旦企业发现投资房地产行业比投资创新研发可以获得更多的收益，实体经济的发展就变得更为困难。企业将用于实体经济生产经营的投资更多地转向房地产，使投向创新活动的资金更加减少，这会进一步强化创新主体的财务预算约束。因此，房价上涨很可能会影响企业的资本配置，抑制企业的创新活动。余静文、王媛、谭静（2015）研究发现房价增速快、房地产投资回报率高促使企业在资源配置上加大房地产投资比重，挤占自主研发资金。面对研发融资困难、创新风险系数较高等现实问题，不少企业受到不断高涨的房价吸引，将更多的资金投向风险小、收益高的房地产市场。刘行、建蕾、梁娟（2016）研究发现，房价上涨会诱使企业管理层投资于风险较小但短期内可以获得高额利润的房地产行业，导致企业其他项目投资不足。面对房地产业的高投资回报现象，企业将资金的投资方向转移到房地产业，产生资本重置效应，从而强化创新的预算约束，抑制企业的创新投入。其次，过高的房价会使生产要素成本的涨幅增加，对创新资金产生挤占效应，不利于创新活动。城市房价的过快上涨推动了厂房的租赁成本、劳动力成本上升，这会增加企业生产性投入的资金需求，从而挤占创新活动所需要的资金，产生显著的挤占效应，减少投向创新的预算。余泳泽和张少辉（2017）研究指出为了维持一定的现金流，企业研发投入势必因此而减少。缺乏足够的创新预算资金，研发投入较少，创新活动的可能性下降，阻碍企业的创新活动，不利于创新活动的展开。况伟大（2008）研究指出企业是主要的创新主体，企业家行为会受房价持续快速上涨的影响，企业家对企业管理和创新的投入会减少。最后，城市房价变动通过成本渠道来影响利润，强化企业的财务预算约束，进而对企业创新研发产生影响。房价不断上涨、房地产行业利润高企会吸引银行贷款等大量资金涌入房地产行业，造成非房地产企业融资成本上升。房地产价格的上涨会导致土地成本、厂房租赁成本、劳动力成本上升。房价不断上涨还会导致工业建设用地指标竞争激烈，企业为获得土地指标而投入资源加强政治关联，增加了企业的寻租成本（刘建江，石大千，2019）。企业成本的上升压缩了企业的利润空间，强化了企业的财务预算约束，削减了企业用于再投资的资金总量，挤出了企业的创新资金投入。在同等情况下，企业的预期收入和利润率下降，可用于研发部门的资金减少，使投向创新研发的资金下降。

从个人来看，城市房地产价格的快速上涨，会对个体的消费、投资行为、劳动力流动产生影响，进而影响创新活动。第一，房价不断上涨会降低个人的消费，从需求侧对创新产生不利影响。作为消费品，房地产具有满足居住需求的基本功能。住房是不可或缺的物资资料；作为社会财富代表的资本品，房地产是保值增值的重要投资品，是进行保值并寻求增值的重要手段。因此，住房不仅是我国家庭的重要消费对象，而且是家庭的重要投资对象。居民的租房支出与购房支出会随着房价的上涨而增加，相应地个人可支配收入会下降。大笔的购房支出和房地产贷款挤占了其他消费支出，导致其他行业尤其是实体经济部门市场需求不足。颜色、朱国钟（2013）研究发现因为受到偿还房贷等生活压力，房地产价格的持续上涨会对国民消费产生明显的抑制作用。根据需求引致创新的原理，消费的降低对实体经济部门的创新是不利的。第二，房价上涨会影响个人的投资行为，对创新产生影响。房价上涨带来的财富效应会使已拥有房地产的人们增加消费而减少储蓄，提高均衡利率，并相应会使创新投资减少。个人的投资行为会受到房价不断上涨的影响，为了获得资产增值赚取差价，房地产的高回报率会促使房地产投资者将闲置资金投向房地产市场。周京奎（2004）认为房地产价格增长率超过银行利率、预期房地产价格继续上涨是人们产生投机心理并将资金大量投入房地产的原因。刘建江、石大千（2019）指出房价不断上涨、房地产业的过度膨胀，导致大量房地产利益集团及利益相关者财富的急剧增长，从而使广大社会公众热衷投资于房地产领域，大量的资金流入房地产。这样的投资行为会使社会资本更多地流向房地产行业，会减少银行存款，降低通过购买政府债券、企业债券和股票等方式的投资规模，间接影响创新主体的预算约束，对创新投入产生不利影响。第三，一些劳动力会流向房价较低的城市，造成当地人力资本流失，不利于当地创新，使继续留在当地的劳动力进行创新的成本增加。

此外，城市房地产价格的快速上涨，会对银行等金融机构的放贷方向产生影响。房地产是资本密集型行业。房地产具有投资规模大、周期长等特点。因而，房地产的发展需要大量资金。当自有资金难以满足房地产企业所需要的资金需求时，房地产企业便会向金融机构融资借贷。

从整体来看，房地产市场发展比较稳定，自身利润较高，且随时间的推移发生贬值的可能性较小。金融市场的非完全理性、银行系统存在的信贷对象选择偏好，会使银行等传统金融机构把资金投向房地产业，获得更多的利息收入（陈享光，黄泽清，2017）。因而，金融机构更愿意将信贷资金提供给高收益、低风险的房地产相关行业，从而挤占金融机构向创新行业提供信贷资金。创新行业资金被挤压，进而不利于城市的创新水平。Chaney、Thesmar（2012）利用美国房地产泡沫期间的银行数据，研究发现银行体系对房地产行业的贷款增加挤占了对其他行业的贷款供给。刘建江、石大千（2019）认为高房价与房地产业膨胀所带来的示范效应，增加了非房企业获得信贷资金的难度，非房企业获得信贷资金的成本提高，从而弱化非房企业的创新。

房地产业是一个资金密集度高的行业，投资成本较大，房地产的低流动性则会造成资金周转期长，因而，进行房地产投资需要大量的资金保障。从理论上来说，房价越高、房地产行业利润越高对其他行业的创新资金的挤占效应越大。当一个地区的房价不断攀升，房地产利润不断增加，大量资本会投入房地产行业，城市创新活动所需要的资金会被大量挤占，阻碍城市创新能力的提高。当一个地区的房地产价格增长幅度变小，房地产行业利润会降低，流向房地产行业的资金减少，对其他行业创新活动所需资金的挤占效应相对较弱。相应地，房地产价格对城市创新的阻碍会变小。

房价通过融资约束渠道影响创新资金的预算约束。融资约束越强，企业研发投入越少，企业创新受房价上涨的抑制效果更明显（余静文，王媛，谭静，2015）。外部融资、内部融资一直是融资的两个渠道。债权融资、股权融资是外部融资的两种主要方式。融资约束主要源于企业的信息不对称（余静文，谭静，2015）。由于信息不对称问题、代理问题，公司外部融资成本高于内部融资成本。信息不对称导致外部投资者并不能全面地了解企业经营状况、贷款归还能力，增加了风险。为了弥补风险损失，外部投资者要求更高的投资回报率，提高了外部融资成本。但是，内部融资可以获得的资金量有限，研究与试验所需的资金数额庞大，风险较大。新技术、新产品、新市场开拓等都需要大量的资金。进行大量研发的企业会受到更强的融资约束。卢馨、郑阳飞、李建明（2013）研究发现融资约束会严重抑制高新技术企业用于研发的资金。

对于持有房地产的企业来说，房地产价格上涨缓解了融资约束。房地产价格上涨提高了房地产、土地资产价值。拥有房地产、土地的企业会有较高的抵押负债能力，可以获得更多的贷款量，为企业投资提供支撑，用于创新研发的资本也会增加。张涛、龚六堂、卜永祥（2006）研究指出房地产价格上涨会促使银行增加信贷供给。创新主体受到的预算约束得到缓解，拥有更多资金用于自主研发的创新活动，推动创新产出的增加。房价上涨带来的信贷宽松效应，缓解了创新的资金预算约束。Ricardo、Arvind（2005）研究指出资产价格上升可以为企业获得更多的信贷资源，缓解资金短缺问题。房地产价格上涨提高了企业自有资产的抵押价值，产生的流动性效应，对企业而言存在信用缓解效应（余静文，谭静，2015）。

房地产价格上涨在一定程度上反映了拥有不动产的企业财富的增加，缓解企业融资约束，为企业提供获取更多融资的途径，并推动企业加大包括对创新研发部门在内的投资力度。Gan（2006）研究指出住房价格上涨会扩大企业投资规模，其中包括增加研发投资。Chaney、Sraer、Thesmar（2010）研究指出企业会使用可抵押资产作为新项目融资的抵押品，这些资产价格的增长，除会使得拥有土地资产的企业加大投资总体力度，还会导致它们进一步增加融资，向银行申请贷款，发挥流动性效应促进投资。研发投入资金的增加对创新产出有一定的促进作用。Richard、Rachel、John（1999）研究发现企业创新活动的研发投入对创新能力有着促进作用。

创新成本高、风险系数大，为了提高当地的创新水平，地方政府通过政府的补助、税收优惠支持企业研发。政府的补助、税收优惠可以给创新主体带来更多的资金。房地产价格上升增加了地方财政收入，使政府有更多资金、能力采取税收优惠等方式支持企业的创新活动。

政府补助、税收优惠可以为企业主体的创新活动提供更好的政策环境，还可以为创新主体提供创新资金支持。例如，充足的政府补助可以为高等院校和科研院所提供充足的创新研发资金支持。房地产价格上涨带来地方政府财政收入提高，使其有条件向高等院校、科研机构提供更多的创新资金投入，同时为创新活动提供更加完善的基础设施和政策环境，对城市创新产生正向的促进作用。

房价过快上涨对创新资金的"挤占效应""资本重置效应"，对城市创新可能带来不利的影响。但是，高等院校和科研机构集聚、充足的人力资本水平、政策优惠和财政支持、完善的基础设施和公共服务，有利于创新主体之间协调合作，提高创新水平，削弱房价过快上涨的"挤占效应""资本重置效应"所带来的对创新的不利影响。因此，房地产价格对不同城市经济高质量创新发展的影响是不一致的。城市房地产价格的上涨对有些城市经济高质量创新发展可能会产生正向的促进作用，对有些城市经济高质量创新发展会产生负向的阻碍作用。

二、财务预算约束、房价与城市创新型劳动力流动

在创新驱动发展阶段，创新型劳动力逐渐成为最稀缺的资源。创新型劳动力的区位选择会对区域竞争力的提升起到关键性作用。创新型劳动力的迁移不仅仅与产业发展状况、工资水平、就业情况等"生产性因素"有关，而且与房价高低、环境质量、公共服务设施、文化氛围等"生活性因素"相关。房价是一个城市最核心的"生活性资源"，会对创新型劳动力的流动产生重要影响。

拉力和阻力是房价影响创新型劳动力流动的两个方面作用力。房价上涨作为信号机制，可以对创新型劳动力产生拉力。一般来说，房价上涨快的区域意味着更多的就业机会、更高的工资水平、更好的医疗服务和公共设施。创新型劳动力的流入有助于促进当地城市提升创新水平，推动城市经济高质量创新发展。但是当房价上涨到一定水平时，高房价所带来的生活成本的提高会对创新型劳动力的流入带来阻力。如果城市的工资收入无法弥补高房价带来的不利影响，劳动力的相对效用水平会降低，阻碍劳动力流入，还会促使本地劳动力流出。如果高房价阻碍低人力资本劳动力的流入，促使本地低人力资本劳动力的流出，那么高房价对劳动力流动起到了筛选的作用，优化了当地的劳动力结构。一旦高房价阻碍了创新型劳动力的流入，那么当地的创新发展会受到不利

影响。

　　城市发展离不开劳动力资源。创新城市的建设更需要复合型、高层次的创新型劳动力。劳动力的迁移会受到多种经济社会因素的影响，如经济、环境、消费和便利性等。其中城市房价问题是影响劳动力和企业在不同城市间集聚的一个重要原因。房价是影响人口在城市间流动的关键因素，房价上涨会增加劳动力的生活成本，这会影响劳动力的流动决策。房价增长如何导致劳动力迁移一直是研究的焦点。劳动力会通过判断居住、迁移的效应，来进行是否流动的判断。产业集聚、人口集聚会导致对城市住房需求的增加。相对于不断扩张的需求来讲，土地供给弹性变小。较大的房地产需求会使房价上涨，一旦住房价格远超过房地产的建筑成本，便会形成丰厚的垄断利润。如果房地产业是一个进入门槛很低的完全竞争的行业，那么土地所有者会单独拥有垄断利润。如果房地产业不是完全竞争的产业，房地产开发商具有一定的垄断地位，那么土地所有者和房地产开发商会一起分享这个垄断利润。也就是说，政府通常可以在房价上涨中获取一部分收益。房地产业发展带来的收益可以为公共事业、基础建设、科技创新等提供雄厚的资金支持。当政府把土地收益用于改善城市基础设施建设、丰富城市公共服务时，当地城市生活的便捷性就会增加。因此，一般来说，房价较高的城市，当地的教育、医疗、交通基础设施等公共服务也较为完善、先进。这些都会吸引高收入人群、高端产业集聚，进一步提高了当地的房价。房地产业是一个关联产业较多的行业，会带动相关水泥、建材、家电制造等领域的发展。合理的房价可以促进社会的消费，有利于社会创新。因此，当住房价格合理上涨，并与城市建设形成良性互动时，房价较高的城市反而会集聚高端产业、高素质人才。赵放、董丽和项卫星（2020）研究指出房地产行业在我国经济中占据较大比重，房价与我国经济中产业结构升级之间存在动态互动关系。高端产业、高素质人才往往具有较强的创新能力。

房价过快增加会对劳动力产生挤出效应。由于工资具有黏性，房价快速上涨时，劳动力的工资并不会同步提高，因而房价过快增加会提高居住成本，抑制劳动力的集聚。同时，房价上涨也会对城市的创新人才产生挤出效应，高昂的住房和生活成本会抑制高技术人才的流入。房价快速上涨不仅抬高了企业职工的房屋租金成本，而且大大加重了企业员工的子女教育成本。由于向大城市转移所获得的收益不足以补偿其迁移成本，劳动力向高房价城市的转移被抑制（Rabe，Taylor，2012）。高昂的居住成本迫使居民将手中的资金更多地投入房地产行业，因而会削减居民消费并降低其多样性的消费偏好和消费者效应，抑制人才聚集和经济聚集（Tabuchi，1998）。刘志伟（2013）通过"中心—外围"的拓展模型，研究发现房价导致劳动力生活成本增加，部分劳动力基于自身效用最大化的考虑，流向房价较低的城市。人力资本是企业创新的重要因素，房价的上涨通过提升生活成本造成劳动力分流，从而影响人力资本的积累与解构，进一步对当地的创新产生影响。因此，房地产价格上涨增加了购房压力，从而使一部分的人力资本流失，抑制当地的创新。崔莹莹、陈可石、高庆浩（2018）从创新资金和人力资本视角进行实证研究，发现房地产价格上涨通过创新资金和人力资本的传导效应，抑制城市的创新能力。

刘易斯的二元经济理论、拉尼斯—费景汉模式、托达罗模型、舒尔茨人力资本投资模型、斯塔克相对经济地位变化假说等理论对劳动力流动展开了研究。但是，以上理论都是从发展经济学的角度，侧重于分析经济因素在人口迁移中的作用（程名望，史清华，徐剑侠，2006）。经济因素是影响劳动力流动的最主要因素（张莉，何晶，马润泓，2017）。程名望、史清华、徐剑侠（2006）认为推拉理论既考虑了经济因素，又综合了人口学、社会学等因素，从更多维的角度解释了劳动力转移的原因。一个地区中有利于改善生活、工作等的因素会对劳动力产生拉力，一个地区中有不利于生活、工作等的因素会对劳动力产生推力，例如，生活和居住成本高、环境拥堵等因素会阻碍劳动力流入。迁入地、迁出地的推拉力是影响劳动力流动迁移的重要因素。此外，学者Lee（1966）把推拉理论中的影响要素加以扩展。Lee（1966）认为应把位于迁出地和迁入地之间的障碍因素及个人因素引入解释框架内，认为影响迁移的因素共有迁出地的因素、迁入地的因素、中间障碍因素、个人因素四种，同时研究指出迁出地和迁入地各自都有推力和拉力两类因素，当迁出地推力总和大于拉力总和、迁入地拉力总和大于推力总和时，劳动力发生迁移。

一个城市的许多属性，如工资水平、失业率和房价水平都会对劳动力流动产生影响（Fair，1972）。Pissarides 和 McMaster（1990）研究指出劳动力会比较留在当地的、去其他地方的总效用来判断是否迁移。迁移的总收益超过迁移的总成本时劳动力迁移就会发生。劳动力迁移的总收益会受到个人特征的影响，如年龄、技能是最重要的因素。一个地区的失业率、相对工资水平也会影响迁移的收益。如果一个地区相对工资水平提高，那么迁出的总收益会下降，迁入的总收益会上升，一个地区的劳动力净流入会提升。一个地区的失业率也会影响劳动力迁移。相对于就业劳动力而言，失业劳动力迁移所失去的更小，失业劳动力更有可能迁出当地。因此，相对于其他地区，一个地区的相对失业率较高，该地区劳动力净流入率会下降。住宅房价、商业营业用房房价作为住房商品和土地要素配置的信号深刻地影响生产要素的流动以及产业结构的转型升级。

城市是生产要素的集聚地。劳动力并非同质的，而是存在差异的。不同劳动能力的差异称为劳动力的异质性。劳动力的异质性不仅仅来自天赋，更多来自后天的教育、培训、经历等。然而，不同经济发展阶段所需要的劳动能力是不同的，劳动力异质性的主要内涵也会发生变化。在农业经济时期，劳动力主要是体力，劳动力的异质性主要体现在体力的大小。到了工业经济时代，智力成为劳动力的主要内容，智力转化为人力资本后，劳动力的异质性就体现为人力资本的层次和多寡。进入知识经济时代（或服务经济时代）后，在人力资本成为劳动力主要内容的同时，劳动力的外延发生了拓展，劳动力个体所承载的以文化、制度为支撑的信任、规范、关系网络结构等社会资本开始逐步成为劳动力的组成部分。拥有同等体力、智力和人力资本的劳动者，由于社会资本的差异表现出不同的劳动能力，从而使社会资本的积累成为劳动力异质性的又一来源（焦斌龙，孙晓芳，2013）。

劳动力的异质性是客观存在的。不同劳动力的能力是存在差异的。不同劳动力对就业区位的选择标准也会有差异。异质性劳动力对就业区位的环境质量抱有不同的态度。对于高技能劳动力而言，对城市的宜居性具有更高的要求，所在城市对身体健康的影响是其所要考虑的首选，而环境污染则显著破坏健康，对于低技能劳动力而言，对环境问题却没有那么重视（梁琦，李建成，陈建隆，2018）。同样，不同劳动力对房价的反应并不一致。房价对劳动力流动既存在引力作用，也存在推力作用。对高技能劳动力而言，高房价不仅意味着更具竞争力的城市发展实力与前景，也意味着能够带给劳动力更加丰富的个人发展历程和更高的目标预期。相反，高房价的推力则直接表现在生活成本的压力，令一些劳动力望而却步。随着住房价格的上涨，劳动力生活成本不断上升，可能会导致劳动力流向房价较低的地区。张莉、何晶、马润泓（2017）研究指出劳动力在选择城市时不可避免需要考虑的是住房问题，房价的影响不可小觑，当房价较低时，其上升的拉力作用占主导，促进劳动力流入。当房价超过一定临界值，房价上升带来永久性收入呈下降趋势，较高的房价会增加外来劳动力的生活成本，阻碍创新人才的流入，不利于创新创业，不利于劳动力流入。

不同劳动力会基于房价、其他消费便利做出流动决策（Helpman，1998；范剑勇，邵挺，2011）。本书阐述 Helpman（1998）的主要思想内容。假设由两个城市组成的城市体系，拥有两大部门——差异化的可贸易部门（M）和同质、不可贸易的房产部门（H），其中差异化的可贸易部门包括制成品与部分服务业，房地产部门是完全竞争的，其产品不能在区域间流动。两城市共有 N 个同质的消费者，其效用函数用 $U = M^{\delta}H^{1-\delta}$ 来表示。其中 H 是住房消费量，参数 δ 表示用于差异化产品支出占总消费支出的比重。同时，每个企业只生产一种差异化产品。消费者对各类差异化产品的需求量满足替代弹性不变（CES）的函数形式

$M = \left(\sum\limits_{i=1}^{n} c_i^{\rho} \right)^{\frac{1}{\rho}}$，其中 c_i 是指第 i 种差异化产品的消费量，ρ 是指消费者对产品多样化的偏好程度，其表达式是 $\rho = \dfrac{\varepsilon - 1}{\varepsilon}$，其中 ε 是任何两种差异化产品间的价格替代弹性。Helpman 模型的基本思路是，消费者的多样性偏好、制成品生产在厂商水平上的规模报酬递增、城市消费者的收入来源有自身的劳动收入和提供住房服务收入两种，并将这一收入与消费者支出相等到 Krugman（1991）原有的模型中，得出城市人口规模与住房支出、产品间替代弹性之间的关系。故事内容是，初始条件下两城市的住房存量、人口均假定相同，当劳动力流入某一城市后，实际上起了两个作用：一是该城市的房价水平上升，二是该城市的市场容量扩大和差异化产品数量增多，产品间的替代弹性系数下降。此时居住在大城市的消费者面临的选择是，要么留在房价水平高、消费选择余地大的大城市，要么不堪忍受高房价而流向小城市直到两城市的人口规模与房价水平恢复到初始水平。Helpman 模型对上述感性认识的解决方法是，建立两城市居民的相对效用水平与两城市间相对人口比例之间的函数关系，通过数值模拟可以发现城市人口规模与住房支出水平（代表房价水平高低）、产品间替代弹性之间的关系。（1）均衡时消费者面临的产品间替代弹性系数与住房支出份额之乘积 $\varepsilon(1 - \delta) > 1$，即差异化产品不是足够丰富、住房支出份额却已经处于较高的水平，此时消费者认为不值得为消费不丰富的差异化产品而忍受高房价，其行为是迁移出较大的城市，直到重新恢复到两个城市人口相等的初始状况。这一条件被称为"非黑洞"条件。（2）均衡时消费者的替代弹性系数与住房支出份额之乘积 $\varepsilon(1 - \delta) < 1$ 时，即差异化产品种类数已经足够多，而住房支

出份额又不是太高，此时消费者认为，为了消费多样化的差异化产品而忍受一定程度的高房价是值得的，此时其中一个城市将逐渐增大。这一条件被称为"黑洞"条件。当经济发展到一定阶段后，大型城市的主要产业很可能已经上升到生产者服务业和高端制造业，其产业的集聚程度远高于中小型城市，对稀缺资源——土地的竞争也必然强于小城市。在 Helpman 模型中，劳动力流入某一城市后，不仅抬升了该城市的房价水平，而且增加了该城市的市场规模与差异化产品的种类数量，其经济集聚程度提升。

城市房价的上升会提高城市居民的生活成本，抑制劳动力在本地区的集聚（或阻止潜在劳动力的流入），减少本地的劳动力供给，从而提升工资（Helpman，1998）。留在高房价城市的劳动力往往会有较高的工资水平，或要求较高的工资水平来平衡高房价或房租带来的较高生活成本。陆铭、欧海军、陈斌开（2014）使用来自我国 286 个地级市 2001—2010 年的面板数据，研究发现东部地区房价快速上升，并推升了东部地区的工资上涨。从供求关系的角度来看，房价较高的城市一般具有较大的人口规模。大城市普遍存在工资溢价现象（Glaeser，Mare，2001）。工资溢价主要存在水平溢价和增长率溢价两种情形。工资水平溢价效应表现为劳动力进入城市工作后会获得工资提升，离开城市后工资也会立即出现显著下降。工资增长率的溢价效应是指，在大城市中工资会增长得更快。Glaeser、Mare（2001）研究发现，美国城市工人工资相对比非城市工人工资大约高出 33%，在采用固定效应模型控制了工人和城市的一系列特征后，仍然存在大约 25% 的水平溢价。存在工资溢价的原因。一方面，城市中劳动力的高工资往往与高生产率挂钩，这归结为异质性劳动力在区位选择过程中的选择效应与空间分类的结果，焦点在劳动力技能水平（Combes P. P. ，et al，2010；Baum－Snow，Pavan，2011）。另一方面，工资溢价也源自劳动力工作经验的积累以及人力资本存量的提高，这往往是集聚效应在发挥作用（Charlot，Duranton，2004；Moretti，2004）。劳动力流入扩大了本地市场规模，而市场规模扩张放大了本地市场效应，形成集聚优势。要素集聚从直接效应和间接效应两个方面对各产业劳工工资的空间分布产生影响：直接效应是本行业集聚度提高产生规模报酬递增效应，从而提高行业内工资；间接效应则是邻近行业工资变化对本行业工资的溢出效应。

有些学者认为高技能劳动力才更有可能不断流向、留在房价较高的城市。Venables（2011）研究认为劳动力存在自选择行为（主动选择），同时城市也存在自选择机制（被动选择）。劳动力自选择机制改善了城市中劳动力配对质量，从而促进了劳动力个体和城市发展。城市生活成本又引致劳动力自选择，生活成本越高的城市，高技能劳动力占比也会越高。大城市的经济集聚密度更高，从而当劳动力选择进入大城市时，会获得更多由集聚经济带来的益处（Combes，Duranton，Gobillon，2008）。例如，共享、匹配和学习效应（Duranton，Puga，2014）。这些都促使劳动力自身更快地成长，提高劳动生产效率。其中高技能劳动力从中可获得的好处会更多（Torfs，Zhao，2015）。张莉、何晶、马润泓（2017）研究指出城市的高房价对劳动力流动同时存在正反两方面的拉力和阻力。一方面，高房价意味着城市更好的发展前景、个人更匹配的工作机会、更高的工资溢价以及更大的财富增长空间，同时还意味着更优质的公共服务和基础设施等，因此，许多高新技术人才会流入房价较高的城市。

　　高房价城市一旦集聚较多的高技能劳动力，会通过自选择机制促使高技能劳动力的流入。Venables（2011）通过构建异质性劳动力合作配对模型，综合匹配机制、集聚外部性以及不同城市间的生活成本差异，研究认为具有不同技能的劳动力对就业区位的自选择行为和城市自选择机制的作用过程。较高的房价会释放出当地经济发展较强、发展前景较好的信号。由于存在信息不对称问题，高技能劳动力更倾向于选择生活成本较高的城市，低技能劳动力则相对会选择居住生活成本较低的城市。高技能劳动力居住在低技能回报地区，低技能劳动力居住在高技能回报地区，则存在劳动力在空间上的错配，那么劳动力自身则倾向于通过迁移以匹配他的技能回报与技能禀赋（Borjas, et al., 1992）。城市自选择机制改善了劳动力合作配对质量，进一步促进城市高技能劳动力集聚。

　　由于不同人力资本水平的劳动力存在互补效应，大量高技能劳动力、高人力资本水平的劳动力流入房价较高的城市，也会吸引不同技能劳动力的流入。技能互补需求不仅存在于高技能劳动力之间，也同样存在于低技能劳动力与高技能劳动力之间。Eeckhout、Pinheiro、Schmidheiny（2014）将高技能劳动力之间的互补协同称为顶层技能互补（top – skill complementarity），将高技能劳动力与低技能劳动力之间的互补协同称为两端技能互补（extreme – skill complementarity）。高技能劳动力与低技能劳动力之间存在互补协同，高技能劳动力生产率的进一步提高来自低技能劳动力的服务，即高技能劳动力更好地工作，也需要低技能劳动力提供服务。梁琦、李建成、陈建隆（2018）研究指出异质性劳动力区位选择的空间一般均衡，证明了大城市中低技能劳动力的存在是合理且必要的。这不仅仅是因为大城市拥有更多的低技能劳动力符合基本经济学理论，更是因为低技能劳动力确实为城市更好地发展做出了实质性的贡献。较高教育程度的劳动力和较低教育程度的劳动力在生产过程中并不是完全替代的。城市不断进步的生产技术水平、不断累积的人力资本和不断提升的知识创新水平，会持续增加对低技能或非技能劳动力的需求（Lucas，2004）。Lucas（2004）指出在生产最终产品过程中，不同人力资本水平的劳动力是互补的生产要素。因而城市中不同技能的互补协同方式会影响异质性劳动力的区位选择。城市溢价优势不仅是由于城市中存在大量的高技能劳动力，更是由于异质性劳动力之间的互补放大了城市间生产率差异与不平等程度，从而使得更大的城市相比于较小的城市拥有更高的工资溢出机会、更多的工作需求，从而不断吸引劳动力流入。

假定高技能劳动力倾向于流入房价较高的城市，会通过工资效应，吸引不同水平劳动力流入。外来劳动力流入对本地劳动力工资结构的影响主要体现在三个方面：一是对本地劳动力的替代效应，二是与本地劳动力的互补效应，三是本地需求效应（Bodvarsson，2008）。Borjas、Katz（2007）研究指出流入劳动力对本地的低技能劳动力的工资可能存在一定的替代效应。在具有同等教育经历、同等技能水平、相似工作经验的外来劳动力与本地劳动力之间，则存在一种非完全替代关系（Ottaviano，Peri，2012）。Roca、Puga（2017）研究认为劳动力个体特征、技能特征、个体工作经验积累以及现居城市的本地居民特征是影响外来劳动力工资绩效的决定因素。外来劳动力在年龄、教育和职业技能上显著区别于本地就业者。通过对城市就业市场低技能劳动力供给的冲击，外来劳动力流入可能会对本地居民就业机会和就业岗位产生挤出效应，对本地工资结构产生向下压力。Lewis、Peri（2015）认为劳动力迁入的影响主要取决于外来人口与本地居民之间的替代与互补程度的权衡，也部分取决于本地劳动力的特征品质。当本地劳动力面对移民问题时，自身也可能转换工作环境或岗位，以避免冲击和竞争压力，这在一定程度上将减缓劳动力流入的潜在负面影响。从短期来看，高技能劳动力涌入对当地劳动力的工资水平更多的是替代和冲击。但从长期来看，高技能劳动力集聚效应在一定程度上会弥补其初期流入所造成的冲击（Borjas，Doran，2012）。但是异质性劳动力对城市的选择至关重要，来自不同地区的劳动力在城市中重新组合成新的群体，更加有利于知识搜寻（Berliant，Fujita，2008）。通过知识外溢，城市中低技能劳动力、高技能劳动力自身的生产效率都会提升，高技能劳动力的集聚最终会提升城市整体的生产效率，提高当地的工资水平，吸引更多的劳动力流入。

规模较大的城市会有更多的差异化产品。根据供求关系，人口规模较大的城市，房价普遍较高。当消费者偏好差异化程度较大的产品（包括制造业与服务业产品），并甘愿忍受大型城市的高房价时，消费者就会向大型城市迁移与流动，并抬高大型城市的房价水平，而这反过来又推动了大型城市中那些运输成本不高的制成品行业向周边的中小城市扩散。同时，也存在另外一种情况，就是消费者承受不起大型城市的房价水平，放弃了大型城市中多样性的消费选择，这部分消费者将从大型城市迁移到中小城市，消费选择的范围变得狭窄了。通过消费者的上述双向流动，多数消费者的效用水平最终会停留在一个均衡值上，除去房价等因素后的真实工资或效用水平是相等的。因此，在一个合理的制造业布局中，服务业产品或某些制造业产品自身的运输成本差异等因素，决定了其必须分布于大型城市，而标准化的制成品将保留到中小城市去。相应地，当大型城市的房价水平上升到一定阶段后，必然会推动一部分制造行业扩散到中小城市去，一部分消费者也会迁移出来。

城市房价是影响劳动力流动的重要因素。首先要明晰房价如何影响劳动力的流动。房价与劳动力流动之间存在一定的互动性（Roback，1982）。或者说，房价与劳动力流动的关系，具有复杂的交互关系（Jeanty，Partridge，Irwin，2010）。一方面，房价会影响劳动力流动。通常来讲，劳动力流动往往与工资、失业、城市属性等相关（Jackman，Savouri，1992）。Jackman 和 Savouri（1992）研究指出，劳动力迁移会解决劳动力市场的结构性失衡，经济萧条地区的失业劳动力可以流向工作机会丰富的经济繁荣地区，从而实现就业。基于人力资本理论的标准移民经济模型，如果以预期终生收入增长现值衡量的收益超过搬迁成本，人们就会迁移。但是这个方法并不能很好地解释迁移流量大小出现反常的情况。例如，当失业规模暂时扩大时，当地的劳动力迁移流入会下降。因而，Jackman 和 Savouri（1992）从工作匹配理论框架展开，研究得出聘用人数或雇用人数取决于求职者的人数、工作和职位空缺的数量。因为失业人员更主动地寻找工作，所以其更有可能迁移。在这种情况下，迁移可以视为寻找工作成功的结果。但是，劳动力流动并非仅仅受失业、工资等因素影响，住房市场的因素也会影响劳动力流动。Monk（2000）认为不断高攀的房价会导致劳动力资源不足。高波、陈健、邹琳华（2012）研究认为在地区间相对工资、交通成本等一定的条件下，相对房价升高意味着生活成本上升，降低了消费者的效用，从而减少了劳动力流入，该地区的就业人数会相对减少。劳动力无论购房还是租房，均受到房价的影响（张莉，何晶，马润泓，2017）。某地区的住房价格过高会影响劳动者的相对效用，进而抑制劳动力在该地区的集聚（Takatoshi et al.，2001）。Rabe 和 Taylor（2012）使用1992—2007年英国的数据研究发现，相对较高的房价将会制约劳动力的跨区域流入。袁冬梅、邓师琦、刘建江（2020）研究认为房价上涨对受教育程度较低的非技能劳动力的冲击较大，对劳动密集型企业与产业的冲击更为明显。有些学者提出相反的观点。较高的房价也可能吸引劳动力不断流入。Dohmen（2005）研究指出一个地区相对较高的房价会抑制劳动力流入，但是套利的预期又会促进劳动力流入。Meen 和 Nygaard（2010）提出同样观点。范剑勇、莫家伟、张吉鹏（2015）研究指出高房价没有防止劳动力流入的原因是一些新增常住人口居住在价格低廉的非普通商品房。这些选择非正式住房的新增常住人口，往往是一些低技能劳动力，对租房和购房的需求相对较小（张莉，何晶，马润泓，2017）。陈晓、张文杰（2017）研究发现房价与第三产业的就业和产出呈显著的正相关关系，过高的房价对第三产业的就业和产出具有促进作用。有学者指出房价对劳动力流动的影响是非线性的。房价能产生拉力作用和阻力作用，一是由于房价作为备择城市的城市特征信号降低了预期未来收入的不确定性所带来的拉力，二是房价作为居住成本压缩可支配收入所产生的阻力，两种作用最终对劳动力流动产生先吸引后抑制的倒 U 影响（张莉，何晶，马润泓，2017）。张莉、何晶、马润泓（2017）使用 2012 年和 2014 年中国劳动力动态调查数据（CLDS）和

2000—2012年250个地级市的房价数据，研究发现房价对劳动力流动确实存在"倒U"影响，高技能劳动力的倒U拐点更小，对房价更敏感，原因在于其购房需求更强，倒U影响主要作用在大城市，且沿海城市劳动力流动的倒U拐点更大。陈晓、张文杰（2017）研究发现，房价与第二产业就业的比率和产值比重存在"倒U"关系，与第三产业的就业和产出呈显著的正相关关系，过高的房价对第二产业的就业存在挤出效应，对第三产业的就业和产出具有促进作用。

另一方面，劳动力流动也会影响房价。劳动力流入会促进房价的上涨（Tabuchi，1998）。陆铭、欧海军、陈斌开（2014）使用我国地级城市数据研究发现，具有更高的外来劳动力占比的城市会有更高的房价。Degen和Fischer（2017）使用2001—2006年的数据，实证研究发现劳动力流入会使当地房价上升。

综上可见，国内外文献并没有完全分析研究房价对不同类型劳动力的影响。然而，房价对不同特征的劳动力的影响是不一致的。例如，不同学历、不同年龄、不同性别的劳动力对房价的感受是不一致的。然而，这方面的研究较少。分析研究房价对不同劳动力的影响有助于有关部门采取针对性的措施吸引人才流入城市，促进当地城市经济高质量创新发展。但是，总的来说，房价过快上涨不利于吸引创新型劳动力的流入。

三、财务预算约束、房价与城市产业创新发展机制

城市经济高质量创新发展离不开产业结构的合理化和高级化为基

础。产业结构的合理化和高级化两个层面共同构成了产业结构的优化。适合市场需要和当地资源配置产业的协同发展是实现产业结构合理化的基础。产业结构高级化往往有赖于加快发展高科技产业和服务业。高附加价值是产业结构高级化的重要特征。

房价是影响目前经济社会发展的比较重要的因素。一方面，房价的合理增长会促进房地产业的发展，扩大城市资源的开发利用，增加城市基础公共设施建设，促进城市的经济和环境不断优化，增强城市在人才、资本等方面的集聚效应，促进产业结构的优化升级。另一方面，房价的不断增长会产生不利影响。在追求利润最大化的理性条件下，其他产业的货币资金流向房地产，会致使其他行业实体经济发生萎缩，导致产业结构偏离合理化。

通常来说，高房价波动将促使产业不断向城市边缘区转移，导致产业的分散化结构（邵挺，范剑勇，2010），抑制了产业集聚效应对城市创新能力的促进作用（Andersson，Quigley，Wilhelmsson，2005），抑制了产业结构的升级和经济增长。但是，房价对不同产业发展的影响是不一致的。房价对生活性、服务性产业，制造业的劳动力流动影响不同。不同产业对技术的吸收也是不同的。例如，相对于制造业，生活性、服务性产业中需要劳动力面对面提供服务的行业未必需要太多的先进技术。

在国际大分工、国际产业转移的背景下，劳动力等资源要素成本较低的比较优势推动了我国20世纪末期经济的高速发展。尤其是在东部沿海地区，依靠这种比较优势吸引众多境外公司投资，成功承接产业转移来带动地区经济的飞速发展。随着经济的不断发展、人口结构的老龄化，我国经济较为发达地区的生产成本、劳动力成本急剧提升。此外，环境、资源约束不断增强，我国沿海地区出现产业转移现象。比如，全球最大的芯片生产商英特尔关闭上海的工厂，在成都建立生产基地；联合利华也将生产基地从上海搬出，落户合肥；世界代工巨头富士康也不断采取内迁措施，从深圳到河南，从昆山到湖南（毛丰付，王建生，毛璐琪，2016）。

不少学者认为两者之间存在内在联系。不断攀升的住房价格是沿海地区产业大量转移的一个主要原因。

劳动力是产业发展的重要因素。劳动力流动与产业转移之间也存在着某种重要关联。劳动力的流动会进一步影响地区间的产业转移，从而改变当地的产业结构。Krugman（1991）提出的新经济地理学"中心—外围"模型（Core – Peripheral Model）指出一个城市或者地区的贸易成本、生活成本会影响生产要素流动，影响企业集聚、产业升级。依据Krugman（1991）的新经济地理模型，当大量劳动力流入某一个地区，大量就业人员会集聚于该地区，从而使该地区更易形成产业集聚，进而改变产业结构。Dumais 等（2002）使用美国人口普查局的 LRD 制造业数据研究发现，劳动力资源是产业集聚的最重要因素，当劳动力跨区域流动时，制造业的集聚会出现。

有关文献研究认为房价会影响劳动力流动，但是还有其他原因影响劳动力流动，如寻找工作。人们往往无法准确识别出人口移动到底是由于寻找工作还是寻找房屋引起的（Ommeren，Piet，Peter，1999）。此外，Saiz（2007）使用 1983—1997 年美国大都市区域的数据，研究发现劳动力迁移是因为迁入区域的生活便利条件和社会网络，而不是由于住房成本。由于无法判定人口流动是否出于房价的原因，这使得房价与劳动力流动以及产业结构的关联影响也存在着一定的不确定性（高波，陈健，邹琳华，2012）。为了解决这个问题，高波、陈健和邹琳华（2012）将房价、劳动力流动之间存在关联、劳动力流动与产业转移之间的关联纳入一个完整的理论框架中进行分析，建立了区域房价差异、劳动力流动与产业转移之间的系统关联机制模型，揭示了区域房价差异影响劳动力流动进而诱致产业转移的内在驱动机制。有学者认为房价的变化会对产业转移产生影响。产业转移是企业将产品生产的部分或全部由原生产地转移到其他地区的一种经济地理现象。例如，Helsley 和 Strange（1990）研究认为将房价作为生活成本的重要组成部分，房价会引导劳动力做出流动决策，由于房价影响劳动力流动，在劳动力与企业互相匹配的过程中会产生聚集经济，进而间接影响产业转移。有学者认为房价会影响产业转型升级。例如，陈斌开（2018）指出产业转型升级会导致资源从低效率的行业不断流向高效率行业，社会整体效率得到提升，而房价上涨不利于产业转型升级。

然而，国内外学者关于房价影响产业结构转型升级的关系研究并没有得出一致的结论。有些学者研究认为房价上涨对产业转型升级具有促进作用。高波、陈健和邹琳华（2012）运用动态面板数据模型研究2000—2009年中国35个大中城市数据，对房价对产业优化升级的影响进行实证检验，研究结果发现城市间的相对房价升高，导致相对就业人数减少，并促使产业价值链向高端攀升，实现了产业升级。Charles、Hurst 和 Notowidigdo（2013）研究指出房价上涨确实提高了美国建筑业的就业吸纳能力，房地产市场高涨推动建筑业扩张。藏波、吕萍、赵松

（2015）研究认为工业地价上涨会促使有些城市从劳动密集型向中等资本密集型过渡，促进产业升级。佟家栋、刘竹青（2018）指出房价上涨提高了密集使用土地或房屋进行生产的行业的利润水平，推动建筑业扩张。

　　房价上涨不利于产业转型升级，起到阻碍作用。房价上涨会吸引大量的资金流入房地产市场。对流入其他产业的资金形成一种"挤出效应"。这会造成社会资金的分配不均，影响产业结构升级，不利于国民经济的健康发展。高房价会提高企业生产成本，降低企业创新投入，进而对产业结构升级产生负面影响。一般而言，城市的创新投入水平对产业结构升级具有显著推动作用（付宏，毛蕴诗，宋来胜，2013）。房价的快速上涨使对非房地产企业的投资减少，对房地产行业企业的投资增加，挤出创新投入，削弱了企业的创新倾向与积极性，最终抑制了城市的创新能力。张平和张鹏鹏（2016）研究指出房价的持续上涨使得房地产行业的投资回报率明显高于其他实业，大量的社会资金流向房地产行业，对实体经济投资产生挤出效应，造成社会资源的错配。尽管政府补贴能增加企业的创新投入，但高速增长的房价会削弱这种促进作用，最终不利于当地的产业结构升级。对于高新技术产业来说，当低端产业转移所带来的区域空间创造效应不足以抵消房价上涨引起的成本提高效应时，房价的上涨将对产业转型升级产生显著的抑制作用（谷卿德，石薇，王洪卫，2015）。

　　从实证研究方面来看，Helpman（1998）认为房价上涨不利于劳动力集聚特征优化和产业升级。邵挺、范剑勇（2010）利用1998—2008年长三角地区16个城市的面板数据进行计量模型的参数估计，研究指出房价上涨不利于制造业的集聚。Sahin、Song 和 Violante（2014）研究指出房价上涨为建筑业带来的高利润，使建筑业从业劳动者的工资提高，拉大了建筑业与传统行业，特别是制造业之间的工资差距，更多的劳动力流向建筑业，不利于制造业的发展，对制造业就业产生"挤出效应"。Furlanetto 和 Groshenny（2016）通过研究美国房价上涨与失业率之间的关系，发现房价上涨与制造业就业存在明显的负向关系。吴海民（2012）利用 2001—2010 年我国沿海地区 12 省市民营工业的面板数据，研究发现房地产价格上涨会引发民营工业"规模空心化"和"效率空心化"的作用机制。佟家栋、刘竹青（2018）基于 2004—2013 年的中国城市数据，研究指出房价上涨不利于制造业发展。陈斌开（2018）研究认为房价上涨不利于非房地产业及相关行业的发展，造成资源从高效率行业流向低效率行业的"倒挂"现象，不利于产业升级，例如，房价过快上涨导致我国制造业产业转型升级放缓（陈斌开，2018）。

房价对产业结构转型升级的影响并不是线性的，而是非线性的。毛丰付、王建生、毛璐琪（2016）运用 2001—2011 年我国 36 个大中城市 41 个工业行业的相关数据研究发现，从短期看，房价上涨对劳动密集型行业有促进作用，对资本密集型行业有抑制作用；从长期看，房价上涨不利于劳动密集型行业发展，有利于资本密集型行业发展。

以上实证研究并没有得出一致的研究结论。当一个地区的低附加值产业相对产出减少，高附加值产业的相对产出增加，意味着该地区产业升级（高波，陈健，邹琳华，2012）。在实证研究过程中，高波、陈健和邹琳华（2012）把某产业相对就业人数减少、相对产业产值减少视为该产业被挤出，某产业相对就业人数减少、产业相对产值增加视为该产业升级。高波、陈健和邹琳华（2012）采用就业结构和产出结构两类指标来衡量具体某产业的挤出、升级，具有可行性。但是，笔者认为研究房价相对价格影响产业内不同人力资本水平劳动力比重的相对变化情况，会更加直观。

对于一个城市来说，如果由于相对于其他城市而言，该城市的房价相对升高，导致相对于其他城市而言，该城市就业人数相对减少，这意味着相对房价上升使流入该城市的劳动力减少。一个城市就业人数相对减少，却依然拥有比其他城市更高的经济增长，这就意味着该城市的劳动生产率得到进一步提高。出现这种情况的原因是城市产业发生了由产业价值链低端向产业价值链高端攀升，或者高附加值的产业替代了低附加值的产业，因而实现了产业升级，城市相对房价升高，对低附加值的产业产生挤出效应而引发城市低附加值产业的转移（高波，陈健，邹琳华，2012）。但是，笔者认为城市劳动生产率提高未必是完全因为高附加值产业、价值链高端的产业替代低附加值产业、价值链低端的产业。其中还可能是因为各个产业自身的生产技术、生产效率提升了。例如，农业采用先进技术，依然可以成为高附加值产业。所以，笔者从一个城市就业结构的角度出发来分析城市产业结构变迁。如果一个城市就业结构中高端人才就业比重相对增加，那么可以意味着该城市高附加值产业、价值链高端产业发展较快，低附加值产业、价值链低端的产业被挤出。这就要分析房价对不同人力资本水平的劳动力流动的影响。不同学历的劳动力对房价的预期是不同的，因而房价对不同学历的劳动力会产生不同的影响。但是，高波、陈健和邹琳华（2012）并未对劳动力结构进行区分。同时，高波、陈健和邹琳华（2012）将产业结构划分为第一产业、第二产业、第三产业，并没有考虑产业内的细分行业情况。

房价也是目前中央关注的问题，中央也提出"房住不炒"的政策，尤其目前我国经济进入高质量发展阶段，创新成为引领发展的第一动力。人力资本是创新的载体、产业优化升级的重要因素。城市经济高质量创新发展需要高新技术产业发展来支撑，那么分析研究房价、不同类型的劳动力流动、产业转移之间的系统关联机制显得尤为重要，这可为地方政府制定有针对性的房地产政策、吸引人才政策、产业优化升级政策提供帮助，从而实现当地高质量创新发展。

房价上涨通过影响异质性劳动力就业决策，来对不同区域产业结构产生不同的影响。现有研究中部分文献关注到房价、劳动力流动与产业优化升级的关系。但是，并没有考虑细分产业。袁冬梅、邓师琦、刘建江（2020）研究了房价上涨作用于异质性劳动力，进而对产业结构优化升级的影响。但是，袁冬梅、邓师琦、刘建江（2020）把受教育程度在高中以下的记为非技能劳动力，受教育程度在高中以上的记为技能劳动力，来考虑劳动力的异质性。但是劳动力异质性范畴较广，是否为高中学历只是其中一个维度。在我国教育大力发展的情况下，高中学历比较普遍，难以体现劳动力的异质性。袁冬梅、邓师琦、刘建江（2020）把第三产业产值与第二产业产值比重用来衡量产业结构高级化。然而，产值比重的变化未必能表明该产业技术水平的提升，也有可能是劳动力、资本等要素投入增加的原因。本章为了体现劳动力异质性对产业的影响，采用产业内就业劳动力结构的变化来衡量产业结构调整升级，例如，产业内高技能劳动力比重增加，可以反映出该产业技术水平的提升。

不同产业受房价上涨的影响不同。例如，佟家栋、刘竹青（2018）的研究结论表明房价上涨对制造业、建筑业会产生不同的影响。考虑到劳动力的异质性，不同类型的劳动力与不同产业的就业结构匹配是有差异的，可以从产业内就业人员结构变化来反映产业升级、产业结构的高级化。房价上涨会通过作用于异质性劳动力对产业结构优化升级产生影响。政府部门应当制定差异化的人才政策、房地产政策，实现城市经济高质量创新发展。

虽然现有文献关于房价对产业发展的影响研究结论并不一致。内生经济增长理论认为，内生的技术进步、资本积累推动了经济持续增长。一旦高企的房价对高端产业带来挤出效应，将不利于城市产业转型升级发展，从而不利于城市经济的高质量发展。

一旦房地产泡沫破裂，资产价格会急速下降。房产抵押价值下降可能会增加银行坏账，为了避免类似现象出现，金融机构则会减少贷款，收缩贷款规模。创新资金预算约束进一步加强，创新主体获得研发资金的难度增加，不利于城市的创新发展。如果银行系统发生大面积的坏账，则有可能发生金融危机，甚至会引发经济危机，不利于城市经济的高质量发展。房地产泡沫破裂也会促使家庭财富缩水，居民消费支出减少，社会经济可能进入低迷状态。创新主体的生存风险加大，投向回报周期长的研发资金减少。

房价引起劳动力流动，导致产业在不同地区间进行转移。未迁移的产业更有压力去完成产业优化升级，提高生产效率和利润水平，来抵御高房价带来的不利影响。

四、财务预算约束、房价与城市经济高质量创新发展

随着城市化的不断推进，大量的人口流向城市。1998 年我国开始房改，房地产市场逐渐发展，房价不断上涨成为目前经济社会较为重要的特征。房价快速上升的部分背后原因是产业和人口在少数核心城市集聚、房地产投机需求上涨、对土地财政的依赖等。合理的房价上涨可以反映由现代高科技产业、互联网通信产业以及金融等现代服务产业在大都市集聚所带来的生产效率的大幅提升。

住房满足人们居住需求，具有消费品的属性。随着房价不断上涨，房地产不再单单具有消费品属性，还具有投资品的属性。房地产作为一种重要的投资品，是实现人们财富保值增值的重要工具。住房不仅具有满足人们消费需求的功能，还具有满足人们长期投资和短期投机需求的功能。随着城市化的推进，大量劳动力流入城市，增加了对房地产的需求。随着房价不断上涨，为了满足居住的刚性需求，对于住房的购买、投资就会挤占普通家庭的大量资金。伴随着房价不断上涨，房地产投资的收益会不断增加，吸引投资、投机资金的大量流入。无论是出于满足刚性需求，还是出于投资、投机的需求，大量资本、劳动力等生产要素流入房地产行业。随着房地产价格的不断上涨，房地产不再仅仅是消费品，也是一种资产。随着房地产价格的持续上涨，房地产会出现泡沫现象。资产泡沫理论认为资产泡沫对实体经济会产生正、负两方面的影响。一方面，资产泡沫可以带来更多的流动性，缓解融资约束。例如，

资产泡沫可以提升资产的抵押价值，获得更多的抵押贷款额度。Caballero 和 Krishnamurthy（2006）研究指出资产的膨胀可以缓解一部分实体经济的融资约束。另一方面，资产泡沫会通过杠杆效应挤出实体经济的投资。资产泡沫化会使抵押价值扩大，获得更多的信贷资金，起到杠杆效应，但是获得信贷资金的部门往往是资产价格不断上涨的部门，挤出其他部门的信贷资金。例如，信贷资金会更多地流入价格不断上涨的房地产行业，挤出了非房地产行业的投资。资产泡沫会通过杠杆效应挤出实体经济的投资（Chaney，Thesmar，2012）。理论上，资产泡沫会发挥一定的流动性效应，缓解融资约束，对实体经济有一定的挤入效应。但是，金融市场发展滞后以及垄断性银行结构为主的间接融资体系的双重抑制模式使我国的金融抑制体制普遍存在（卢峰，姚洋，2004）。由于金融市场发展相对滞后、存在金融抑制现象，银行机构更多地会把信贷资金流向投资回报率较高的、资产价格不断上涨的行业。

在我国经济发展过程中，房地产价格不断上涨。房地产泡沫是一种资产价格持续超过其基本价值的现象，具有收缩、膨胀甚至破灭的特征。随着房地产金融属性的不断加强，房地产逐渐显现虚拟资产特性。房地产业由于存在土地价值主观性、房地产业经营高杠杆性、房地产关联产业低附加值性等现象，极易产生资产泡沫。那么，房地产价格又会如何影响我国城市经济高质量创新发展？将从以下三个方面进行分析：

第一，房地产价格会影响企业的投资行为。一些学者认为房地产是企业重要的抵押品，房地产价格的波动会通过抵押担保渠道，影响企业的融资能力、投资行为。如果房地产价格下降，那么房地产的抵押价值减少，房地产持有者的融资能力降低，投资支出会相应减少。Gan

（2007）通过对日本房地产泡沫的分析研究，发现一旦遇到房地产价格泡沫破裂，拥有土地较多的企业的抵押价值下降，信贷约束加紧，投资支出大幅下降。相反，房地产价格上涨，房地产抵押价值会增加，房地产持有者融资能力会增加，释放了企业的融资约束，投资支出会相应增加。Chaney、Thesmar（2012）以美国上市公司作为研究样本，研究发现由房地产价格上涨带来的抵押资产价值每增加 1 美元，会带来企业投资增加 0.06 美元，研究结果表明房地产价格的不断上涨提升了房地产的抵押价值，通过抵押担保渠道获得更多的融资资金，增加了企业投资支出。Lin（2015）研究发现房地产价格上涨时，随着企业的可抵押资产价值增加，银行贷款占公司有息负债总额的比重会提高，从数量来看，可抵押资产价值每增加一个标准差，银行贷款占公司有息负债总额的比重就会提高六个百分点，企业的融资能力得到改善，投资支出相应增加。Han 和 Lu（2017）研究发现随着房地产价格的上涨，房地产的抵押效应会提高企业的融资能力，放松投资约束，促使企业有更多的资金用于投资。另一些学者则认为房地产价格升高会吸引资金流入房地产行业，对其他行业的长期投资形成较为严重的"挤出效应"，导致资源的错配，不利于产业结构升级、经济高质量创新发展。Saint - Paul（1991）基于内生经济增长模型研究发现，房地产价格不断上涨会引发投机行为，房地产投机会产生泡沫，会挤出企业的生产性投资。

国内学者也是从正反两方面展开关于房地产价格的波动对企业投资影响的研究。一方面，在金融抑制背景下，房地产价格上涨对企业投资产生流动性效应。一些学者认为房地产的抵押资产价值会随着房地产价格上涨而增加，从而改善企业的融资能力，进而增加房地产持有者的投资。曾海舰（2012）实证分析了资产价值波动对公司投融资的影响，研究发现随着资产价值的增加，企业的投资会增加，从数量上来看，企业建筑物市场价值每增加 1 元，投资大约增加 0.04 元。罗时空、周亚虹（2013）研究发现房地产作为企业所有的资本品，随着房地产价格上涨，房地产的抵押价值不断增加，缓解了企业融资约束，促进企业投资。余静文和谭静（2015）使用我国 35 个大中城市的工业企业数据进行实证研究，发现房价上涨通过提高企业所有的抵押房产价值，放松企业的融资约束，增加企业投资。张晓兵（2018）对房地产价格影响固定资产投资的作用机制进行定性分析，研究发现随着经济增长，我国房地产价格的上升会对固定资产投资有加速的促进作用。另一方面，另一些学者则认为房地产价格的不断上涨，会提高房地产行业的投资回报率。非房地产企业对高回报率做出理性反应，会影响非房地产企业的投资行为和投资方向。李永乐、吴群（2013）还提出目前国内投资渠道较少，优质投资品不足会加剧企业因行业间利润差异将大量资金投入房地产的行为，增加房地产投资需求。余静文、王媛和谭静（2015）使用我国 35 个大中城市的宏观数据和相应的工业企业微观数据，分析研究得出房地产价格上涨对实体经济产生杠杆效应的结论，房地产的高投资回报率吸引企业投入，从而挤占周期长、风险高的研发投资，使企业陷入"低技术锁定"的困境。刘行、建蕾、梁娟（2016）研究发现房价上涨会诱使企业管理层投资于风险较小但短期内可以获得高额利润的房地产行业，导致企业其他项目投资不足。刘建江、石大千（2019）指出在行业间利润较为接近时，为了获得行业内的超额利润，企业家会努力创新来开发新产品和开拓新市场，但是当房价不断上涨致使房地产行业利润率异常增加，相对于高风险的创新行为，企业家会增加对房地产业的投资，减少投资于风险较高的创新行为。

房地产价格不断上涨会"挤出"企业对非房地产行业的投资，对产业结构优化升级产生负面影响。罗知和张川川（2015）在房地产市场快速膨胀和信贷不断扩张的背景下，分析研究指出较高的房地产利润不断吸引制造业企业的大量资金，资本抽离实体经济，不断流向房地产，房地产投资对企业生产投资具有明显的挤出效应，从而显著降低了制造业部门的资源配置效率。

林灵和曾海舰（2017）从微观层面分析研究了房地产价格对企业投资行为的影响，研究认为房地产作为一种抵押品，房地产价格对我国企业投融资行为会产生传导效应，房地产价格上涨会提高企业的抵押效应，增加企业的负债能力，促使企业过度投资，降低资本配置效率，存在负面的经济影响。还有一些学者如张荣佳和顾振华（2017）研究认为房地产价格通过存在的"抵押效应"和"挤出效应"影响企业的投资，两种效应综合后最终影响企业的融资约束。

第二，房地产价格上涨会对实体经济产生正反两方面的影响。从房地产价格影响经济增长的机制来看，房价上涨会通过挤出效应、财富效应、抵押效应来影响经济增长。从挤出效应来看，房价不断上升会不利于经济增长。在一定时间内，当地的资源总量是有限的，房价不断上升，房地产业的发展壮大就需要大量的资源，流入非房地产业的资源就会减少。房价上涨会产生挤出效用，因而，在不同行业之间，资源会分布不均、配置失衡，这不利于经济结构合理，也不利于经济均衡发展，甚至会延缓经济发展。从财富效应来看，高房价会提高房地产价值，增加财富，刺激消费增加，带动生产。根据需求引致创新的原理，多样化、个性化的消费需求还会引致创新。从抵押效益来看，房地产价格上涨会提高房地产的抵押价值，可以获得更多的信贷资金，减轻流动性约束，有利于促进经济增长。

具体从微观角度来看，房地产价格波动会对家庭、企业产生相应的影响。对于家庭而言，房地产价格上涨会带来财富效应、消费约束效应。一方面，房地产价格上涨会通过财富效应增加资产持有者的财富水平，提振消费信心，扩大居民消费水平，带动经济发展。另一方面，房地产价格上涨也降低了无房产者的生活水平，加大无房产者的消费约束效应，加剧社会财富分配不均，不利于当地经济发展。对于企业而言，随着房地产价格上涨，房地产资产价值增加，同等房地产可以获得更多的贷款，提高了企业对外融资的能力，有利于企业获得更多的银行贷款等外部融资，促进企业生产。房价持续上涨带动社会更多的银行信贷，产生更多的派生存款和贷款，产生信用创造效应，有利于放松更多企业的财务预算约束，促进企业的发展，带动当地经济发展。但是，房地产价格不断上涨也会吸收大量的流动性资金进入房地产及其相关产业，加重高技术企业的融资难度和融资成本，不利于创新发展。对于产业来说，房地产价格合理增长会通过"倒逼效应""筛选效应"促使当地产业优化升级。房价合理上涨会提升企业的劳动力、土地等生产成本，降低企业的获利空间，加剧行业间竞争程度。房价合理上涨会通过倒逼效应促使企业加快技术创新、提高生产效率、开拓新市场，来提高利润、赢得生存空间（张超，刘志彪，2014）。有些企业无法通过创新来弥补房价上涨带来的不利影响，便会选择迁移到房价较低的地区。此时，房价通过筛选效应使创新水平高、技术水平高的企业继续留在当地，促进当地产业优化升级。

房地产价格不断上涨是否会长期影响经济增长呢？有些学者认为房地产业不仅吸收了社会上过剩的流动性，而且还会促进关联产业的发展，如建筑业的发展，对经济增长具有长期拉动作用。住宅具有投资和消费两种属性，作为刚性需求的住宅往往要求配套的基础设施。房地产价格的上涨会提高土地财政收益，一部分土地财政收益用于当地基础设施建设，来提升住宅的附加价值。合理的房地产价格上涨与基础设施建设之间会形成良性循环。相应地，当一个城市房价开始合理上涨，势必会引起投机者把大量资金投资于周边还未增长的房地产市场，从而为周边区域的经济发展带来契机。但是，还有许多学者认为房地产业的发展对经济增长的促进作用并不具有可持续性。房地产业发展虽然在一定程度上促进了经济增长，但是房地产对经济增长的促进作用更多地体现在房地产业自身发展及对其相关关联产业的拉动作用上。而非房地产业发展更多依靠自身周期发展的惯性。

第三，还有些学者分析研究了房地产价格对经济增长质量的影响。当前，中国经济正处在由高速增长阶段转向高质量发展阶段的关键时期。经济增长并不是唯一的目标。随着经济进入新常态，要保持经济平稳较快可持续发展，经济发展方式的转变也是势在必行。在转变经济发展方式上，如何取得新进展、新突破是值得思考的问题。从发达国家经验来看，在经济进入新常态后，驱动经济增长的主要动力来自全要素生产率的提升。国内外诸多研究表明，全要素生产率的一个重要来源就是将资源配置从低效率的企业转向高效率的企业（Bartelsman，Haltiwanger，Scarpetta，2013）。全要素生产率的提高可以来衡量经济增长质量，全要素生产率也可以分解为技术效率、规模效率、资源配置效率。技术效率、规模效率、资源配置效率的改善可以促进经济增长。房价会通过技术效率对经济高质量增长产生影响。技术效率是指在要素投入既定的情况下，由科技进步使产出效率增加的部分。内生的技术进步受制于科技创新能力，房价不断上涨会吸引资源进入房地产行业，减少了创新投入，不利于提高科技创新能力，不利于技术效率的提高。规模效率是按固定比例增加投入要素时，产出增长大于投入增加。房价不断上涨会吸引资源进入房地产行业，减少创新领域的投入，难以发挥规模效率。

在此背景下，本书深入系统研究房地产价格过快增长会对我国的经济效率产生何种影响。已有学者分析研究了城市房价对经济效率的影响。随着房地产价格的不断上涨、房地产经济的非理性繁荣，房地产行业对资源的挤占效应日益加重。当房地产行业以较低成本获取大量信贷资金，其他行业获得的信贷资源就会减少，产生资源配置效率损失。房价上涨导致资源错误配置，使实体经济生产率不断下降。具体分析如下。

首先，房价过快增长会通过挤出效应，减少对实体经济的投资，使资源流向房地产行业，导致资源配置结构不合理，出现资源错配，进而不利于城市全要素生产率的提升。从影响资源配置效率的主要因素来看，无论要素市场扭曲（谢攀，林致远，2016），还是金融市场扭曲（罗知，张川川，2015），都显著影响资源的配置效率，进而会导致一个地区或行业的全要素生产率水平下降。陈斌开、金箫和欧阳涤非（2015）研究发现高房价导致资源错配，降低资源再配置效率，进而降低全要素生产率，不断上涨的住房价格不利于我国经济持续稳定增长。罗知和张川川（2015）研究发现城市房地产投资的增加反而导致制造业部门资源配置效率的显著下降。

从金融市场的挤出效应来看，房地产价格不断上涨，房地产的投资回报率会较高。银行等金融机构的信贷资金更倾向于流向房地产行业。在信贷资金总量一定的情况下，流向房地产行业的信贷资金增加，对实体经济的信贷资金就会减少。这种现象可以称为房价上涨带来的金融市场的挤出效应，是一种典型的金融市场扭曲现象。房地产价格过快上涨产生的信贷资金的挤出效应，强化了非房地产行业的融资约束程度，导致信贷资金行业间错配，导致出现过度投资、投资不足的问题，降低经济效率。Bleck 和 Liu（2011）研究发现房地产价格过快上涨，引发房地产投资加大，导致信贷资金的挤占效应和资源错配效应。陈斌开、金箫、欧阳涤非（2015）的实证研究结果显示房价过快上涨会使房地产相关行业的利润率增加，同时引发企业进入房地产相关行业，使社会资源不断流向高利润和低效率的企业，资源错配问题日益严重。房价上涨还会降低货币政策的效果，2008 年金融危机以来，中央银行不断向市场释放流动性，由于金融市场上，房价上涨带来的挤出效应，进入实体经济的信贷资金份额并没有达到预期。

在经济发展到一定阶段后，创新是提升一个国家和地区全要素生产率、促进经济高质量发展的最重要举措。创新要素的积累和集聚是城市经济高质量创新发展的源泉之一，创新要素在行业间合理配置是提升城市创新能力的重要因素之一。目前，我国经济进入新常态，经济从高速增长阶段进入高质量发展阶段，无论是加快战略性新兴产业发展还是加速推进经济发展模式转型升级，都离不开创新驱动的重要作用。

风险高、成功率低是创新研发的重要特征。房地产价格过快增长会抑制创新活动，进而不利于城市整体全要素生产率的提升，不利于城市经济高质量发展。房价变动会对创新产生影响。Miao、Wang（2014）通过构建包含两个生产部门的内生增长模型来分析我国经济发展，研究指出房地产泡沫会导致资本在不同生产部门之间重新分配，受房地产泡沫的吸引，非房地产企业把资金投入房地产业，从而减少了主业的创新投入，不利于创新活动的展开。不断上涨的房价带来的利润预期，会使劳动力投入房地产领域，而放弃创新活动。房价上涨还会带来地租的上涨，进而会使企业家的行为发生改变，更多的企业家会参与寻租活动中，减少对企业管理和创新的关注。同样，由于房价高速上涨所带来的高收益，不少企业会放弃实业，将资金投入房地产，降低创新的研发投入。此外，高房价还会鼓励年轻人先买房再创业，不利于创业活动（吴晓瑜，王敏，李力行，2014）。创新也是提升区域全要素生产率的重要途径。

全要素生产率的提升依靠产业结构优化升级。转变经济发展方式可以提升生产效率，产业结构优化升级是转变经济发展方式、促进经济高质量创新发展的关键步骤。产业结构优化升级是转变经济发展方式的关键所在，同时也是提升经济发展质量与效益，实现经济高质量创新发展的基础。我国作为发展中国家，产业结构优化升级刻不容缓。坚持用改革的办法，促进产业结构优化升级。例如，通过先进技术改革、提高产业发展水平，在新的技术平台上提升制造业水平和发展高新技术产业；推出以供给侧结构性改革为主线，以适用多样化的、个性化的需求，促进产业结构优化升级。

其次，房地产价格会通过产业结构转型升级来影响城市经济高质量发展。产业结构升级与经济高质量增长是密切相关的，产业结构升级是经济高质量创新发展的重要内涵，产业结构转型升级会显著地促进我国的经济高质量创新发展，城市经济发展水平、人口的约束、技术创新等都会影响产业结构优化升级。创新是经济高质量发展的第一动力，财务预算约束、房价会影响创新活动的开展、创新的效率，产业结构优化升级离不开创新。在影响我国产业结构升级、经济高质量创新发展的诸多因素中，房价是其中不可忽视的一个重要因素。房价不断持续上涨会对我国的经济高质量创新发展产生一系列负面影响。高房价会加大劳动力在城市的就业难度，而且使我国的经济结构进一步失衡（庞晓波，邢戬，2012）。因此，分析房价上涨如何影响产业结构升级的理论机制具有重要的现实意义。

房地产行业涉及的产业链长、关联行业多。房价的不断上涨会对生产要素、产业发展都产生重大影响。一般来说，房价上涨对产业结构升级的影响是双面的，既有抑制作用也有促进作用。房价增长会促进建筑业和房地产业发展，从而拉动第二、三产业产值，相应地会促进经济增长。房价合理增长会使房地产价值增加，产生财富效应，创新企业的融资能力会相应增加，这有利于增加资源配置效率、创新效率，促进城市经济高质量创新发展。房地产价格过快上涨通过"产业链传导机制"带动与房地产相关的低效率、低附加值、高污染产业的发展，这不利于当地产业结构的优化升级。房地产行业及相关产业需要较大的资金量，房地产价格上涨带来的房地产及相关行业的繁荣，也会对资金产生挤出效应。此外，房地产业的资金挤出效应削弱了高效率的高新技术产业的资金投入，抑制相关创新活动，不利于创新产业发展，从而对产业结构优化升级产生负面影响。

高房价是抑制还是促进了产业结构升级？有些学者认为高房价会对产业结构转型升级产生促进作用。一方面，随着房价不断上涨，低水平劳动力会被挤出，更多的高技术劳动力会聚集在当地，进而促进产业结构升级（高波，陈健，邹琳华，2012；张平，张鹏鹏，2016）。房价增长带动经济的发展，会导致企业生产要素成本上升，引发低附加值的产业转移。另一方面，房价不断增长会导致居民的生活成本增加，间接驱使不同地区劳动力流动，形成劳动密集型产业和技术密集型产业区域分布不均的结构。高房价引起劳动力、产业跨区域转移流动，例如，东部地区劳动力密集型产业向中、西部地区转移，导致不同区域的产业发生转型升级（高波，陈健，邹琳华，2012）。但是，高房价有可能会产生产业分工效应，将低效率的企业从高房价的中心城市转移到低房价的外围城市，从而进一步扩大区域经济发展的不均衡态势。

但是，高房价也会对产业结构优化升级产生负面影响。高房价会引发大量社会资源聚集在房地产行业。房价不断上涨容易催生房地产泡沫。一旦房地产泡沫破裂，我国经济则有可能发生系统性风险，不利于我国产业结构的升级，不利于经济高质量发展。

从微观层面来看，不同企业、行业存在异质性。房价变动对不同企业、行业的影响是不同的。城市房价不断上涨会对工业企业产生"淘汰效应""转移效应"与"倒逼效应"，影响当地的产业结构，影响当地经济高质量创新发展。

　　根据新经济地理学的相关理论，城市中心区域因集聚大量劳动力等资源，导致各类稀缺要素竞争日趋激烈，不可转移和不可贸易的要素价格会持续上升。例如，劳动力集聚在城市，会导致城市土地的价格不断上涨，相应的房价、房租也会不断上涨，房价上涨会带动相关生产要素成本的上升，如劳动力成本的提高。社会经济活动及其相关要素空间集中所引起的费用增加或收入、效用损失称之为集聚不经济。企业、劳动力向某一特定地区集中会产生的利益称之为集聚经济。地价、房租等企业经营的固定成本、工资上涨引起的人力资源成本增加等都会引起聚集不经济。城市集聚收益与城市集聚不经济之间的比较是企业发展迁移的评判依据。当一个城市的集聚收益大于集聚不经济时，劳动力、企业会向大城市、城市中心集聚，伴随着集聚过程，土地、劳动力等生产要素成本会不断上涨，房价不断上涨及生产要素成本上升会弱化中心地区的集聚优势，强化外围地区竞争优势。而当集聚不经济大于集聚收益时，低效率的企业会向房价、劳动力等生产要素成本较低的城市外围或中小城市转移。通过布局外围或中小城市，生产成本得以降低。产生城市聚集不经济的最重要原因是生产要素土地价格上升，并且带来房价的上涨。而城市房价作为聚集不经济的最重要组成部分，随着房价的不断上涨，城市聚集成本将越来越高。邵挺和范剑勇（2010）研究发现房价变动会显著影响制造业企业的布局。

　　对于不同生产效率、不同价值水平的企业来说，面对房价上涨带来的集聚不经济的增加会表现出不同的选择。一般来说，生产效率较低的企业，生产利润受到房价的影响也就越大。面对不断上涨的房价、生产要素成本，生产效率低、价值水平低的企业要么被市场淘汰，要么选择向生产效率成本较低的地方转移；生产效率高、价值水平高的企业往往会有较高的利润可以抵御房价上涨带来不利的影响，甚至可以提高产品销售价格把高房价带来的不利影响转移给消费者。企业会根据成本收益原则重新考虑选址决策。考虑到我国的实际现实情况，城市产业政策和官员考核机制等因素也会显著影响企业区位选择，在城市经济高质量创新发展的时代要求下，城市的产业政策会倾向于生产效率较高的企业，地方政府官员也倾向于扶持和吸引生产效率较高的企业。

因而，房价过快上涨会淘汰一些生产效率较低的企业。集聚不经济提升会挤占生产效率较低的企业的生存空间，对生产效率较低的企业会产生明显的"挤出效应"。房价过快上涨也会促使生产效率较低的企业发生转移，难以通过技术创新等途径提高生产率的一部分企业为了避免被淘汰，会选择迁移到其他地方，城市高房价、高生产要素成本会对企业产生一定的"淘汰效应"和"转移效应"。

从这个角度来看，城市房价起到一个天然的"过滤器"作用。高房价对有关工业企业的发展起到"筛选效应"的作用。生产效率较高的企业抵御高房价带来的不利影响的能力更强，生产效率较高的企业可以通过转移成本、提高利润等方式来抗衡高房价的负面影响。也就是说，一些生产效率较高的企业可以继续留在当地，或者留在当地的企业转向投资回报率较高的行业。如果留在当地的企业不能将成本上升传导给下游企业的话，城市房价不断上涨还会倒逼留在当地的企业继续提升生产效率，以消除房价不断上涨带来的负面影响。房价的快速增长会对企业生产效率的提升起到一个"倒逼效应"。为了能够在激烈的市场竞争中发展壮大，企业必然需要克服房价上涨带来的不利影响，依靠科技、制度等方面的创新来提高生产效率是必然的选择。通过不断地技术、制度、市场等创新，提高生产效率，创新带来的生产效率的提高能够降低成本、提高效益，进而冲抵高房价带来的生产经营成本的上升，来降低总的生产成本，弥补房价上涨带来的不利影响。

虽然房价上涨可能通过"倒逼效应"提高企业的生产效率，但是，房价过快上涨也会导致技术、制度、市场等创新提高的生产效率难以弥补高房价带来的不利影响。因而，一般来说，房价过快上涨对企业创新是不利的。

为了抵消高房价带来的集聚不经济，城市房价的增长会通过"筛选效应""倒逼效应"，留下生产效率比较高的工业企业，促进留在当地的工业企业进一步提升生产效率，或者转向投资回报率比较高的行业。

快速上涨所形成的高房价会通过产业分工效应将低效率的企业挤出高房价的城市。同时，对于留存下来的企业，城市房价的快速上涨也会通过"倒逼效应"促进企业生产率的提升，以冲抵高房价带来的拥挤成本的上升。由于城市房价快速上涨对工业企业的"筛选效应"和对留存企业的"倒逼效应"，导致留存在房价快速上涨城市中的企业的全要素生产率一般会较高。城市房价上涨带来的"筛选效应""倒逼效应"，会使企业转移到其他地方、转向其他行业、提升生产效率。正因为此，房价的增长会通过"筛选效应""倒逼效应"改变当地的产业结构，间接促进产业结构升级。但是，房价快速上涨累积形成的高房价也会使得部分企业难以通过技术创新等途径实现生产率提升，从而导致工业企业生产效率下降，不利于产业结构升级。

与工业企业不同，服务业所提供产品的消费对象会局限于一定的城市空间。一般来说，服务业的生产和消费难以远距离分割。服务业的生产和消费具有一定程度的同时性。服务业所提供的产品难以储存。因而，服务业往往需要生产者、消费者面对面完成，具有本地化的特征。服务业的发展依赖于城市中人群的集聚（梁文泉，陆铭，2016）。城市人口增加带来集聚与知识外溢，促进服务业的不断发展。因而，虽然高房价促使房租、人力资源成本增加，提高了服务业企业的成本，但是服务业企业难以通过迁移来克服房价上涨带来的不利影响。齐讴歌、周新生和王满仓（2012）研究发现房价水平和交通成本变动对生产性服务业的扩散并没有显著的影响。服务业企业可以通过提高生产效率或者提高价格来抵消高房价带来的不利影响，因而，对于服务业来说，通过提高生产效率来克服房价不断上涨的负面影响尤为迫切。房地产价格的不断上涨会倒逼服务业优化升级，促使当地发展生产效率较高的生产性服务业。

最后，房价会影响社会资源配置效率、创新发展来影响城市经济高质量创新发展。为了追求较高的利润回报，房价上涨会吸引社会资金流入房地产行业。资源禀赋给定的情况下，流入研发投入领域的资金减少。房价快速上涨会导致企业将更多的资源配置到房地产部门，挤出了投资风险高、回报周期长的创新研发投入。房地产行业吸引大量的资源投入，将导致资源错配，降低资源再配置效率，抑制全要素生产率的增加。房地产行业技术并不高，技术外溢效应并不明显。大量的资源进入房地产行业会减少创新投入、创新产出，出现"低技术锁定"现象。从长期来看，资源转移到房地产行业并不利于创新投入、经济高质量创新发展。

大量资源集中在房地产部门，导致要素过多地配置在房地产行业。而创新领域获得资源较少，抑制了城市创新能力的提升。对于个人、家庭来说，出于刚需或者投资的需求，把大量的资金投向房地产，从而降低了个人的创新意愿、创新资源。对于企业家、企业来说，房价不断上涨可能会扭曲企业家行为、企业的投资结构，企业家就有可能把更多的精力投向房地产领域，降低对管理和创新的关注。

对于企业而言，企业会将有限资金投入房地产行业，而房地产自身的技术含量较低，这会造成资金错配，进而降低企业创新投入（陈斌开，等，2015），抑制企业创新。房价上涨会推动劳动力、土地、资本等生产要素价格的上升，压缩非房地产企业的利润。利润的降低进一步地减少流入创新部门的资金，这不利于提高创新水平，对当地经济高质量创新发展不利。

从行业来看，房地产业的工资水平会随着房价上涨而增加，劳动力就更有可能流向房地产及相关行业，过多的劳动力流向房地产行业，导致劳动力在行业间错配，使资金、劳动力不断流向创新效率较低的房地产行业。相应地，创新效率较高的部门获得的资金、劳动力就会减少，难以配置创新型高素质人才。这不利于创新活动的开展，会降低当地的创新水平。房价不断推动劳动力、土地等生产要素的增加，会影响企业的经营决策，难以承受当地高企的生产要素成本的有些企业会加速资本对劳动力的替代，例如，引进高技术生产设备等来降低劳动力成本。同时，有些企业会发生区域转移，到成本更低的其他地区或国家进行生产。例如，我国东部地区的房价、劳动力等生产要素成本较高，使一部分企业迁移到中部、西部地区，甚至迁移到国外。通常来说，东部地区城市率先通过吸引外商投资引进先进技术，具有较高的生产效率，工资水平也会相应更高。相对于中、西部城市而言，东部地区城市依然会集聚较多的创新人才、创新资金，经济高质量创新发展受到房价上涨的影响较少。最后，有些企业可能会发生经营范围的变更，退出原先的经营领域，转向利润较高的领域，如从事利润较高的房地产及相关行业。虽然企业可以通过创新提高生产技术，或者引进先进技术，来提高生产效率，进而提高利润。利润的增加反过来可以提高工资率，吸引、留住创新型劳动力，进一步提高生产效率、提高利润，从而形成一个良性循环。但是，工资水平存在黏性、生产效率的提升需要过程、创新的风险高，使得企业难以在短期内抵御高房价带来的不利影响。一般来说，房价过快上涨会促使企业减少风险高、回报周期长的创新活动的资金投入，导致生产要素发生错配，对创新活动的开展不利，这不利于城市经济高质量创新发展。

最后，房价过快增长对城市经济高质量创新发展具有直接抑制作用和间接促进作用，最终综合后表现出抑制作用。伴随着房地产价格的上涨，人们对房地产收益率上涨的市场预期增加，从而影响居民、企业、政府行为，进而对城市经济高质量创新发展产生影响。通过影响个人、企业、政府三个主体的行为，房价过快上涨会降低居民消费与投资的效率，提高财政税收比重，导致金融资源过度配置于房地产市场，降低金融服务实体经济的效率，抑制创新发展。从个人消费的角度来看，房地产价格的快速上升，导致居民用于房产商品的资金支出随之提高，从而减少了个人的可支配收入，限制居民的消费能力，即用于动产的消费减少，制约了实体经济发展的需求端。房地产价格不断上涨，居民用于房产商品的资金支出增加，用于其他支出的支付能力相对下降，房地产商品对个人消费的约束能力不断加强。从个人投资的角度来看，为了追求房地产价格不断上涨带来的红利，人们购买房产的意愿持续增强，从而不断增加对房地产的投资，在一定程度上挤占了实体经济所需的金融资源，不利于实体经济的发展。从企业投资角度来看，房价的快速上升，导致房地产行业利润不断提高，使得部分企业改变经营方向，将大量的资金投向房地产行业，降低对主营业务的投资力度，从而不利于实体经济的发展。从政府收入的角度来看，房地产价格的快速上升有利于政府税收的增加，促进财政收入的上升。在实体经济整体运行压力加大的情况下，地方政府有可能更加依赖于房产税收，即土地财政依赖。一定时期既定城市内的土地资源是有限的，尤其是在住宅用地资源有限的情况下，土地资源越卖越稀缺，从而导致房价不断上升。在房地产价格与经济增长质量的关系方面，房地产价格与经济增长质量之间存在"倒 U"关系。房地产价格到达拐点之前，房地产价格合理上涨会促进经济增长质量。但是，房地产价格超过拐点之后，房地产价格的不断上涨会降低经济增长质量，不利于经济稳定发展。随着房地产价格的过快上涨，对其他行业、创新的挤出效应越来越严重，阻碍资源向生产效率更高的产业流动，资金配置效率降低，抑制产业结构优化升级。房地产价格还会促使企业改变原有投资结构，把资金流向房地产及相关行业。房地产价格不断上涨还会通过影响消费对经济增长质量产生影响。房地产对短期经济增长的快速拉动作用也会导致政府在公共支出结构上倾向于基础建设，而忽略向公共服务投资的公共资源配置扭曲，从而抑制经济高质量增长。

房地产价格过快增长会通过技术创新、生产效率、投资行为来产生抑制作用，进而不利于城市经济高质量创新发展。房地产价格过快上涨可能会使资源要素在空间和行业上发生错配，这会导致结构性失业和摩擦性失业，从而不利于经济高质量创新发展。

房地产业关联性较强。房地产业的发展会带动上下游许多行业的发展。房地产价格合理增加可以促进当地经济发展，改善当地的生活条件。房价合理增长与产业结构升级可能会产生协同作用，进而间接促进城市经济高质量创新发展。多年以来，房地产业在我国经济发展中占有较大比重，但是，非理性的房地产市场繁荣会形成房价泡沫。房价泡沫一旦破灭，会引发银行风险，甚至金融风险，对当地经济发展不利。那么，对于不同财务预算约束下的城市，其房价波动与城市经济高质量创新发展之间的关系究竟如何？该采用怎样的财务预算规模，才能使房地产行业发展不阻碍城市经济高质量创新发展？由于城市具有异质性，不同城市的政府可以从土地供应、城市规划等角度入手，不同情况的城市可采取不同的政策，来协调房地产发展与城市经济高质量创新发展之间的关系。

为了促进城市经济高质量创新发展，有必要采用措施协调房地产价格与城市经济高质量创新发展之间的关系。

控制我国城市房价上涨速度，以实现城市房价与经济高质量增长的协调发展。房价快速上涨会对技术效率、经济高质量发展产生显著抑制效应，需要采取房地产调控政策措施，稳定城市房地产价格，防止房价过快上涨对创新造成挤出效应，避免资源分配不合理、降低资源配置效率。资源配置不合理、对创新产生挤出效用不仅会抑制传统实体经济的高质量创新发展，而且会对高新技术产业发展产生不利影响，不利于产业结构优化升级，抑制城市经济高质量创新发展。

鼓励资本密集型和技术型产业创新发展，引导劳动密集型产业进行技术升级，促进产业结构高级化，助力城市经济高质量创新发展。国家出台产业政策支持技术型密集型产业、资本密集型产业的发展。一方面，房地产价格快速增长推高了传统劳动密集型企业的生产成本；另一方面，房地产价格快速增长抑制了创新，降低劳动生产效率，降低劳动密集型企业的利润水平。因此，政府可以通过税收优惠、研发补贴等政策，引导和促进劳动密集型产业进行技术升级。

进一步优化固定资产投资结构，引导资金流向实体经济，放松创新的财务预算约束，为创新行为提供充足的资金。社会资本投资大量流入房地产业会减少其他行业的资金流入，对其他行业产生挤出效应，最终将会不利于经济的高质量创新发展。因此，应该优化固定资产投资结构，降低房地产业投资比重，为创新投资提供充足的资金，提高创新产出，为产业结构转型升级提供技术支持。同时，完善基础设施投资、公共教育等投资，优化城市产业布局，为城市产业结构转型升级提供良好的环境。

加快区域以核心城市为中心的城市群建设，避免资源过于集中于某个城市，平衡配置区域资源。大量的人口、资本和技术等生产要素流向某些核心城市，限制了周边地区的良性发展。大量资源集聚于城市会产生聚集不经济现象，不利于城市自身发展。资源过度聚集于一个城市会导致该城市房价的持续上涨，例如，大量劳动力流向某一个城市可能会促使当地的房价快速上涨。房价的过度上涨会抑制城市创新发展和经济高质量发展。因此，应以核心城市为中心，构建城市群建设，促进生产要素在空间分布上的均衡完善布局。通过合理布局城市创新资源、创新人才，促进整个区域内城市创新能力的提高，实现整个区域的经济高质量协同发展。

因地制宜，一城一策，对不同城市实行差异化的调控政策。不同城市的房地产价格对当地的经济高质量发展的影响程度和路径存在显著差异。应根据房地产价格的作用途径不同实施有差异化的房地产调控政策。对于房价很高的城市，高房价会抑制技术效率、规模效率，不利于经济高质量发展。对于高房价城市，严格的房地产调控政策是必须的选择；应根据自身城市情况，选择不同的房地产政策，防止房地产价格过快增长；完善社会保障制度，鼓励居民消费；通过个性化、多样化的需求带动城市经济高质量创新发展。

第三章

财务预算约束、房价与城市创新发展的实证研究

第一节　财务预算约束、房价与城市经济创新发展的相关研究

一、问题的提出

随着环境资源约束的加强、生产要素成本的上升，如人口红利的消失，我国的经济增速有所下降。国家适时提出我国经济已经由高速增长阶段进入高质量发展阶段。同时，随着经济全球化的发展和城市化进程的不断加速，我国城市经济的发展正转向以高质量为中心的主导模式，而创新已成为引领高质量发展和提升城市综合竞争力的关键。人口红利减少，生产要素成本上升、资源环境约束加强等问题迫切要求我们调整经济结构。仅仅靠要素、投资增加来驱动经济增长的模式并不能持久，在经济高质量发展的背景下，我们需要更换粗放型、数量型的发展观念。经济发展更加依赖合理、高效的经济结构，持久的经济发展动力，无论是优化产业结构，还是产业优化升级，都依赖创新。创新是经济高

质量发展的第一动力,是建设现代化经济体系的战略支撑;创新型城市的建设是实现城市经济高质量发展的重要支撑;创新是提高生产力的重要手段,是一个国家经济发展的重要引擎。因此,创新深受社会各界的关注。国家对创新的投入也逐渐增加,创新投入为创新活动提供了资金和人员的支持。在一定程度上,创新投入会促进创新发展。一般来说,创新资金投入越多,从事创新工作的人员越多,创新的可能性就越大。但是,创新成果不仅仅受到创新投入的影响,还会受到经济、观念、制度等因素的影响。

房地产市场的迅速发展和房价的不断上涨是我国宏观经济发展中另一个特别显著的现象。1998 年住房制度改革改变了传统的福利分房制度,促使住房的商品化。随着经济增长、人口城市化等多种因素共同作用,房价不断上涨。房价上涨是目前我国经济发展中较为突出的问题,房价持续上涨会影响居民、企业、政府等行为。此外,由于房地产行业拥有较长的产业链,房地产发展会影响许多行业,对于经济社会发展的许多方面会产生影响。房价的持续上涨会产生"挤出效应""资源重配效应""财富效应""抵押效应",改变创新主体的财务预算约束,影响创新资金投入,改变资源配置效率,进而影响当地创新主体的创新行为,最终会影响到城市经济高质量创新发展。房价上涨在影响创新资金配置的同时,也会提高劳动力的生活成本,影响劳动力流动,更可惜的是会对创新人才行为产生"负向激励作用"。

高房价提升了生存成本。在收入预期增长较缓慢的情况下,房价不断上涨会使得劳动力的实际薪酬水平相对下降,降低劳动力的相对效用水平,导致劳动力流向低房价城市,导致人才流失。安同良等(2005)

研究发现人才和技术能力的差距是阻碍我国企业技术创新的重要因素。高房价导致的人才流失不利于当地创新水平的提高。此外，潜在创新人才的职业选择会受到高房价的影响。随着房价收入比偏离度的不断增加，创新人才会选择较为稳定的职业（Li，Wu，2014）。财务预算约束会影响到创新资金、创新劳动的投入。人力资本和财务预算约束分别会从人才与资金两方面对创新产生影响。

科学技术对经济增长有重大的促进作用。国家高度重视创新在经济高质量发展中的作用。国家指出科技创新是提高社会生产力和综合国力的战略支撑，必须摆在国家发展全局的核心位置。城市作为经济发展的最主要载体，是微观主体生活、工作、经营的主要场所，城市生产要素的合理配置、推动科技创新有助于城市经济高质量发展。为了依赖创新驱动经济高质量增长，2008 年以来国家不断采取政策、措施推动创新型城市发展，促进城市创新能力的提升。2018 年 4 月科技部、国家发展改革委印发《关于支持新一批城市开展创新型城市建设函》，对符合条件的科研任务、科技人才、创新政策等给予积极支持，发展创新型城市，着重提升城市创新能力，推动科技创新引领经济社会转型升级。在创新驱动发展战略下，如何提升城市创新能力，是促进我国城市经济高质量创新发展的重要课题，基于财务预算约束视角下，本章系统研究了房价对城市创新的影响。本章将系统研究房价变动对城市创新水平产生的影响，房价影响城市创新的内在机制、作用路径。相关研究结果也可以为制定有关促进城市创新发展的政策提供经验建议。

二、相关研究背景

创新是经济高质量发展的第一动力。城市是经济发展的主要承载区域，如何促进城市创新发展具有重要的现实意义。许多学者研究了影响城市创新的因素，房价会通过多层次、多维度的路径对城市创新水平产生影响（余泳泽，张少辉，2017）。

研发投入水平是影响创新的重要因素。创新主体的预算约束会深刻影响研发投入。冼国明和薄文广（2006）研究发现研发投入会促进自主创新产出。曹勇等（2013）以技术市场技术合同成交额作为科技成果转化能力的指标，研究发现科技成果转化能力和城市创新投入能显著促进城市创新产出。王素莲和赵弈超（2018）使用沪深两市中小企业板上市公司数据，研究发现研发投入能显著地促进创新绩效。华岳、唐雅琳、成程（2019）以发明专利授权量、实用新型专利授权量和外观设计专利授权量衡量创新水平，研究发现政府风险资金会明显地推动创新。唐宜红、俞峰、李兵（2019）使用我国1998—2009年工业企业的微观数据，研究表明外商直接投资会显著促进企业的创新产出。

融资成本、融资难度等融资要素会影响创新主体的创新预算约束。股权融资、债券融资、内部融资三个融资渠道会影响企业的研发创新投入（范超，2019）。较为有利的融资要素会放松创新预算约束，有助于提高创新能力。Hall、Lerner（2010）研究企业面临的融资困难会限制自主研发创新的积极性。鞠晓生、卢荻、虞义华（2013）使用我国1998—2008年工业企业数据，研究发现融资约束会阻碍企业的创新活动，企业受到的融资约束会制约创新研发成果。蔡卫星等（2019）研究发现内部融资会深刻影响自主研发创新。刘愿等（2017）使用我国上市公司和债券企业的经验证据，研究发现房地产价格提高带来的高回报促使企业增加房地产投资，软融资约束的国有企业因能获得研发补贴而加大创新投入，硬融资约束的民营企业追求短期利润而减少创新投入。

随着房价不断上涨，房价越发成为影响许多经济社会方面的重要因素。房价增长是影响城市创新的一个重要因素。近年来，房地产价格与创新之间的关系越来越多获得学者们的注意。国内外研究者不断展开房价如何影响创新的研究。房价对创新的传导机制存在异质性，现有文献对房价如何影响创新的研究结论并不一致。

有些学者认为房价上涨会促进创新，房地产价值下跌不利于企业投资。房价的快速上升会使得企业持有的房地产价值提升，从而放松了企业的融资约束，影响企业的投资行为。Gan（2007）通过分析研究20世纪90年代日本房地产泡沫破灭事件，发现房地产价值的下跌降低了企业投资。Chaney、Thesmar（2012）证实了企业持有的房地产价值上升显著促进了企业投资，房价增长提高了抵押资产价值，随着抵押资产价值增加，银行机构会释放更多的贷款。Chakraborty、Goldstein 和 Mackinlay（2018）研究发现在房地产行业繁荣期间，银行会增加抵押贷款，拥有房产的创新主体更有可能投入更多的资金进入创新活动，有利于进行创新。余静文和谭静（2015）使用我国35个大中城市宏观数据和企业数据研究发现，房价上涨会提升企业融资能力，缓解企业面临的融资约束，持有房产的抵押价值提升会对企业创新有促进作用。余利丰（2018）研究发现房价对收入的比例越高，房价对区域技术创新的负面影响就越小。邵传林（2018）运用空间计量模型实证分析住房价格影响地区创新的机制，研究发现在经济发展水平较高、产业结构较合理、城市规模较大、人口密度较高、交通基础设施较完善、信息化程度较高、政府科技支出力度较大的地区，住房价格对地区创新的促进效应较明显。

有些学者认为房价上涨不利于创新。当房地产价格不断增长时，投资者便会对未来房地产业发展产生良好的预期，即投资者预期房价还会不断上涨，房价高涨使投资房地产业会有较高的投资回报率。房地产业属于资本密集型产业，对资金需求量大。无论对个人，还是对企业来说，房价的过快上涨都会形成巨大的套利空间。为了获得高投资回报率，企业会转换投资策略，进行投机行为，即将更多的资金投向具有高资本回报率的房地产行业。吴海民（2012）研究发现当房地产的利润明显高于制造业部门，实体企业会进入房地产行业进行套利，对实体投资存在挤出效应，降低实体经济创新升级的动力。因而房地产价格继续攀升会吸收大量的资金流入房地产市场，会挤占流入创新行业的资金。余泳泽和张少辉（2017）使用我国2004—2013年230个地级市及1272家上市企业的数据，分析研究城市房价上涨对技术创新活动的影响，研究发现城市房价上涨会导致投资结构的扭曲，对创新资金产生"挤占效应"，挤占了地区整体和企业的创新资金，从而导致资源错配效应，显著抑制了企业个体和当地整体的技术创新产出，不利于当地的创新发展。程宏伟、张永海、常勇（2006）研究发现工业企业研发投入强度会显著受到利润率的影响，工业企业研发投资回报率低于房地产行业时，企业会做出把投资转向利润率更高的房地产市场的理性决策。陈海声、温嘉怡（2012）通过分析沪深两市制造业企业的房地产投入强度和研发投入强度之间的关联，研究指出企业的房地产投资行为会对主营业务的研发投资造成挤出效应。资金大量流入房地产行业有可能会造成资源错配，导致创新主体的融资困难，不利于整个社会的创新发展。如果房价上涨产生泡沫现象，更不利于社会资源的有利配置。Saint – Paul（1992）研究指出投机性资产泡沫对生产性投资有抑制作用，对未来发展不利。住房价格上涨导致的投机性泡沫会吸引经济体中的资本流入非生产性投资进而挤占生产性投资（Grossman，Yanagawa，1993）。Miao和 Wang（2012）通过建立内生增长理论模型，研究指出房地产泡沫会造成资本在不同部门间的重新配置，企业会将有效资金投入有资产泡沫的生产部门，抑制主业的创新投入。余静文、谭静（2015）使用我国工业企业数据、35 个大中城市房价数据，研究发现"低技术锁定"现象，即当房价增速快、回报率高情形下，企业会将资源配置于技术含量较低的房地产行业，挤占创新研发投资。张杰、杨连星、新夫（2016）研究发现对房地产贷款的偏向效应会抑制我国的创新活动。Chakraborty、Goldstein 和 Mackinlay（2018）研究发现银行金融体系对房地产行业的贷款增加挤占了其他行业的贷款需求。同样，Bleck、Liu（2018）强调银行会将贷款资源较多配置于泡沫行业的公司，从而挤出其他行业的贷款资源。王健忠（2013）研究指出房地产价格过快增加会挤占创新投入，不利于企业的创新活动，研究发现房地产价格与企业自主创新产出、新产品销售额之间均存在显著的负相关关系。王红建、李茫茫、汤泰劼（2016）研究发现由于房地产价格上涨带来的利润差距，非房地产企业会采取投资房地产的套利行为，从而减少了主营业务的创新投资，不利于实体企业的创新活动。厉伟、洪涛、李彩云（2017）通过研究发现房地产价格上涨会通过企业研发强度、地方政府支出和知识型员工的流动三条路径对城市创新水平产生负向影响。朱晨（2018）以上海市为研究对象，研究发现房地产价格上涨对企业创新会产生显著的负相关关系。王芳和姚玲珍（2018）发现房地产价格的成本效应抑制了企业的投资规模，改变了企业的投资方向，缩减了创新研发投资和再生产规模，影响实体经济的创新能力。孔东民、徐东钰、张健（2018）研究了微观企业层面，发现房地产价格上涨显著降低了我国企业的创新投入和创新产出，进而抑制了我国企业的创新行为。徐妍、郭品（2019）使用我国 2003—2017 年 29 个省份的面板数据，研究发现房地产价格中非效率因素是引发房价不断上涨的重要原因，非效率因素引发的房地产价格上涨会挤占创新投资资金，不利于企业创新。刘建江、石大千（2019）使用我国 1998—2016 年省级层面大中型工业企业数据，以兼具消费品与投资品属性的住房双重属性为基础，从供求两方面详细阐述了高房价对企业创新的双边作用机制，利用双边随机前沿模型测算了房价影响企业创新的挤出效应、挤入效应及其净效应，研究发现房价上涨对创新的挤出效应大于挤入效应，而且房价产生的挤出效应占据主导地位，最终房价对企业创新影响的净效应为负，房价上涨不利于企业创新。周少甫、龙威（2020）使用我国 2006—2017 年省级面板数据，研究发现房价上涨会显著地抑制技术创新活动。李永乐、许阳、吴然（2020）使用我国 338 个城市房价和创新水平数据，研究发现城市高房价对城市创新水平的影响会因为城市地位的不同而有所差异，但是从总体来看，城市高房价会显著抑制城市创新水平的提升。崔莹莹、陈可石、高庆浩（2020）使用我国 35 个大中城市的面板数据，构建固定效应 OLS 模型，采用人均建设用地面积作为工具变量的 2SLS 模型控制内生性问题，从创新资金和人力资本传导视角分析了房价上涨对城市创新能力的影响，研究发现房价上涨会显著降低大中城市的创新能力。

同样，对城市劳动力流动和人口就业选择来说，城市房价也是一个至关重要的影响因素。城市房价的急剧上涨超过劳动力的收入增加，房价和收入的比例过高会加重劳动力的生活压力，劳动力就有可能流出，城市劳动力的规模就有可能减少。高波、陈健、邹琳华（2012）研究认为城市房价的快速上涨提高了中小企业的生产成本，导致中小企业的搬迁流失，整个城市的就业水平随之下降。刘志伟（2013）研究发现房价增长过快引发就业率的下降，进一步减少就业人数。安同良等（2005）研究发现，房价的过快上涨提高了城市的生存"门槛"，在收入预期增长较低的情况下，城市高房价会降低个人的相对效用水平，阻碍劳动力流入城市。同样，诸如 Cameron、Muellbauer、Murphy（2000）、张传勇（2016）等学者的研究结论指出房价的提高降低了相对效用，房价与城市劳动力人口规模呈负相关。房价也会通过影响城市劳动力流动、就业对城市创新产生影响，一旦创新型劳动力流失，房价会对城市创新产生负面影响。房价和收入比例偏离度的扩大也会影响创新型人才的职业选择，为了规避风险，创新型劳动力可能会选择较为稳定的工作。吴晓瑜、王敏、李力行（2014）通过构建职业选择模型发现，房价上涨会阻碍劳动力参与风险较高的创业活动。

以往关于房价影响创新的研究并没有得出一致的结论。其可能的原因是以往文献并没有考虑经济发展阶段以及城市的异质性。以往的研究文献并没有全面系统地阐述房价影响创新发展的机制，大多采用房价增加的绝对值来衡量房价上涨。本章将基于不同的经济发展阶段，系统地分析研究房价对城市创新的影响。

第二节　数据来源、计量模型的设定及变量的定义

一、数据来源

本章以我国35个大中城市1999—2018年的相关数据为研究样本，构成面板数据。本章使用的数据来自《中国统计年鉴》《中国城市统计年鉴》《中国人口统计年鉴》《中国房地产统计年鉴》《中国劳动统计年鉴》《中国科技统计年鉴》、35个大中城市历年统计公报、35个大中城市所在省市的统计年鉴、中国经济社会发展统计数据库、中国知识产权局专利检索数据库以及相关政府部门的网站。本章选择以1999年的数据为研究样本起点，其原因是1998年我国进行住房制度改革。《国务院关于进一步深化城镇住房制度改革加快住房建设的通知》决定，从1998年下半年开始，全国城镇停止住房实物分配，实行住房分配货币化。某种意义上来说，1998年开始的住房制度改革意味着我国房地产市场逐渐形成。

1986 年全国人大六届四次会议通过的"七五"计划，正式将我国划分为东部、中部、西部三个地区。其中，我国的东部地区包括北京、天津、河北、辽宁、上海、江苏、浙江、福建、山东、广东和海南 11 个省（市）。我国的中部地区包括山西、内蒙古、吉林、黑龙江、安徽、江西、河南、湖北、湖南、广西 10 个省（区）。我国的西部地区包括四川、贵州、云南、西藏、陕西、甘肃、青海、宁夏、新疆 9 个省（区）。1997 年全国人大八届五次会议决定设立重庆市为直辖市，并划入西部地区后，西部地区所包括的省级行政区就由 9 个增加为 10 个省（区、市）。由于内蒙古和广西两个自治区人均国内生产总值的水平正好相当于上述西部 10 省（市、区）的平均状况。2000 年国家制定的在西部大开发中享受优惠政策的范围又增加了内蒙古和广西。

因此，目前，我国的西部地区包括的省级行政区共 12 个，分别是四川、重庆、贵州、云南、西藏、陕西、甘肃、青海、宁夏、新疆、广西、内蒙古。我国的中部地区有 8 个省级行政区，分别是山西、吉林、黑龙江、安徽、江西、河南、湖北、湖南。我国东部地区包括的 11 个省级行政区，分别是北京、天津、河北、辽宁、上海、江苏、浙江、福建、山东、广东和海南。

根据我国东部、中部、西部地区的划分标准，本章还将 35 个大中城市划分为东部、中部、西部区域。具体而言，东部地区的城市包括北京、上海、广州、天津、石家庄、沈阳、大连、南京、杭州、宁波、福州、厦门、济南、青岛、深圳、海口 16 个城市。中部地区的城市包括太原、哈尔滨、合肥、南昌、郑州、武汉、长沙、长春 8 个城市。西部地区的城市包括呼和浩特、南宁、重庆、成都、贵阳、昆明、西安、兰州、西宁、银川、乌鲁木齐 11 个城市。

二、计量模型的设定

本章借鉴肖叶（2019）研究创新产出的计量模型，把财务预算约束、房价影响城市创新的计量模型设定如下。

$$Y_{it} = \alpha + \beta_1 Budget_{it} + \beta_2 Houp_{it} + \beta_3 Popd_{it} + \beta_4 Thirds_{it} + \beta_5 Hum_{it} + \beta_6 Market_{it} + u_{it} \tag{1}$$

其中，Y_{it} 表示第 i 城市第 t 年的创新发展，分别用创新产出、创新产出质量、创新效率来表示。$Budget_{it}$ 表示第 i 城市第 t 年的研发财务预算约束。$Houp_{it}$ 表示第 i 城市第 t 年的房地产价格水平。$Popd_{it}$ 表示第 i 城市第 t 年的城市人口密度。$Thirds_{it}$ 表示第 i 城市第 t 年的第三产业比重。Hum_{it} 表示第 i 城市第 t 年的城市人力资本水平。$Market_{it}$ 表示第 i 城市第 t 年的私营和个体就业人数比重，用来衡量该城市的市场化程度。u_{it} 为随机扰动项。工资、房价、人口流动、产业转移、人力资本水平等之间会存在一定的关联。为了有效避免内生性带来的偏误问题，根据动态面板数据模型的特征，将模型（1）的 $Houp_{it}$ 设定为内生解释变量，以保证估计结果的无偏性和一致性。本章采用系统广义矩估计法（Sys - GMM），相关的回归结果通过了 AR（2）二阶序列自相关检验和 Sargan 过度识别检验。

三、变量定义

Y_{it} 表示第 i 城市第 t 年的创新发展。本章借鉴肖叶（2019）的方法，使用专利授权数量来衡量创新产出水平，以专利授权数量的对数值来衡量。创新质量本身是一个综合概念（Haner，2002）。专利可以分为发明专利、实用新型专利与外观设计专利三类。从《中华人民共和国专利法》的条文中可知，发明是指对产品、方法或者其改进所提出的新的技术方案。实用新型是指对产品的形状、构造或者其结合所提出的适于实用的新的技术方案。外观设计，是指对产品的形状、图案或者其结合以及色彩与形状、图案的结合所做出的富有美感并适于工业应用的新设计。由于专利申请表示专利正处于申请阶段，并不代表企业最终拥有该项专利，而专利授权表示企业最终拥有了该项专利，专利授权数量比专利申请数量更能反映真实创新能力（肖叶，2019）。高翔（2015）以城市每万人发明专利授权量来衡量城市的创新水平。

考虑到实用新型的技术方案更注重实用，相较于发明而言，实用新型的技术方案的技术水平较低。宋文娟、李奕（2019）研究指出企业研发产出包括发明、实用新型及外观设计，发明更能体现创新成果的经济价值。在三类专利中，发明专利最具独创性。发明专利授权数可以用来衡量创新产出的质量（张古鹏，陈向东，2011）。本章使用授权专利数量中发明专利比重来衡量创新产出的质量，发明专利授权数的比重较高，创新产出的质量就较高。

本章采用发明专利、实用新型专利、外观设计专利授权数占研究与试验经费投入的比重，来衡量创新效率。

$Budget_{it}$ 表示第 i 城市第 t 年的研发财务预算约束，用城市研发经费的对数值来衡量。创新活动需要大量科研经费、设备和人员的投入。预算约束会影响到创新资金投入。提高创新能力需要研究开发（R&D）

方面持续的投入。企业融资约束情况会影响研发活动，影响创新表现。当内部资金不足，外部资金得不到满足或者外部融资成本较高，创新行为会面临融资约束问题（张霞，王蕾，2020）。一般来说，融资约束存在正向和负向两种影响。有些研究认为当企业面临资源约束时，会选择最优的创新策略，提高创新资源的利用率，增加创造力。例如，潘士远、蒋海威（2020）采用企业所有专利效率（企业所有专利数量除以企业上一年研发支出来衡量）、企业发明专利效率（企业发明专利数量除以企业上一年研发支出）、企业专利引用效率（企业专业引用数量除以企业上一年研发支出）来衡量创新效率，研究发现受到融资约束的企业拥有更高的创新效率。有学者指出创新活动依赖资金支持，拥有较多金融资源的企业才可以进行更多的创新活动，融资约束不利于企业创新（Gorodnichenko，Schnitzer，2013）。企业创新投资的不足会对企业自主创新能力的提升产生负面影响（张霞，王蕾，2020）。我国金融体系受到政府的干预，存在所有制歧视，形成了严重的金融抑制体制（张霞，王蕾，2020）。融资约束是制约非国有企业创新投入的重要因素（韩旺红，马瑞超，2013）。融资约束会降低企业创新绩效（傅樵，冉莹，2018）。而且创新行为风险较大，更难以获得外部融资。此外，由于信息不对称、道德风险、逆向选择等客观情况，外源融资很难成为企业 R&D 投入的融资来源（张霞，王蕾，2020）。企业创新投资最重要的融资来源为内源融资（杨蓉，刘婷婷，高凯，2018）。在这种情况下，创新行为会更多地受到预算约束的影响。预算约束会影响到研究投入、对待创新的态度。宽松的预算约束可以使创新主体有更乐观的预期现金流，提高增加创新投入的可能性。从研发投入水平与创新绩效关系的视角，孙慧、王慧（2017）认为研发投入与新产品创新绩效之间存在显著正相关。研发投入是创新的直接资金来源。通过加大研发资金能够提升创新绩效（陈战光，等，2019）。宽松的预算约束会提高创新失败的容忍度，增加技术创新尝试的可能性。

$Houp_{it}$ 表示第 i 城市第 t 年的房地产价格水平，用第 i 城市第 t 年的房地产价格与职工平均工资比重来衡量。在研究房价上涨对于技术创新的影响时，以往有些文献使用房地产价格增加额度来衡量一个地区的房价上涨水平。但是需要注意的是，房地产具有消费品、资本品的双重属性。一方面，住房作为满足人民生活基本居住需求的工具，具有一般商品属性。在这个层面上，房价应当由人口增长、工资水平、财富等经济社会基本面因素决定合理的房价上涨是基于社会经济发展的合理上涨。合理的房价上涨体现了国家经济实力增强、工资水平提高、城市化进程的必然结果。另一方面，房地产具有较强保值、增值功能，具有资本品属性。从作为资本品的角度来看，房地产的价格取决于未来收益，在房价不断上涨的预期影响下，房地产的需求会被放大，导致房价上涨偏离了其正常价格，房地产价格会出现过度上涨的趋势。因此，现实中房价的上涨不仅包括工资水平上涨等社会经济因素原因，还包括了资本品属性导致的价格过快上涨。无论是作为消费品，还是资本品，房地产价格上涨都会对创新产生影响。面对房地产价格的上涨，劳动力会要求较高的工资水平来抵消房价上涨带来的不利影响。房地产价格上涨会引发劳动力工资上涨，进而引发其他成本上涨。单纯的房地产价格绝对值的增减并不能反映房地产价格波动带来的实质影响。本章采用房地产价格与工资水平的比值来反映房地产价格偏离工资水平的程度，更好地反映不同城市的房地产价格的高低。

$Popd_{it}$ 表示第 i 城市第 t 年的城市人口密度，以城市年平均人口与城市行政区域面积的比值来衡量，用来反映城市人口的集聚程度。人口集聚会产生知识外溢等集聚效应。知识外溢有助于提高劳动生产率、开展创新活动。人口集聚有利于人们通过互相学习、互相竞争来提升人力资本水平，有助于创新。因此，人口集聚能够提升劳动力的生产率水平、创新能力。吴昊、赵阳（2020）实证研究发现人口集聚能够显著促进劳动生产率的提升。

$Thirds_{it}$ 表示第 i 城市第 t 年的第三产业就业人数比重，用来衡量城市的产业结构。随着经济的发展，第三产业逐渐发展，第三产业比重逐渐增加。在经济高质量创新发展的背景下，产业结构合理化、高级化更加有利于实现经济高质量创新发展。随着产业结构高级化，研发设计、知识和技术创新得到重视，会使高附加值的第三产业的比重提升。对知识含量更高的产品和服务的需求引致了知识和技术密集型产业的加速发展。知识技术密集型服务业的发展会提升整体的生产率水平，影响城市的创新发展。陈帅、张艳（2020）使用我国 2011—2017 年省级面板数据，研究发现产业结构向高技术密集型的第三产业的变动会对创新产生正向的促进作用。

Hum_{it} 表示第 i 城市第 t 年的城市人力资本水平，是影响知识外溢、技术创新的重要变量。Romer（1990）研究指出人力资本水平的提高会促进"干中学"和知识外溢，使得创新能力得到显著提高。孙文杰和沈坤荣（2009）使用面板数据随机前沿方法，研究发现国内企业人力资本存量增加会促进技术外溢，进而提高国内企业的自主创新效率。官华平和谌新民（2011）根据珠三角地区的实地调研数据，研究发现人力资本水平的上升促进了企业的技术升级。周建、金媛媛、袁德利（2013）通过结合资源依赖理论和代理理论，研究发现董事会人力资本深度与企业研发投入存在正相关关系。董媛媛和梁艳艳（2016）基于对知识联盟企业问卷数据的研究，发现技术知识转移效果能显著地影响企业创新能力。刘刚（2019）根据问卷调查的数据，研究发现技术创新人才数量的增加会积极促进企业的创新产出，并且学历、从业年限、专业水平方面层次越高的研发人才对企业创新的影响越明显。

$Market_{it}$ 表示第 i 城市第 t 年的私营和个体就业人数比重，用来衡量该城市的市场化程度。市场化是影响企业创新的重要因素。改革开放以来，市场化是我国经济的重要变化。随着我国市场化改革的不断推进，市场在资源配置中的作用逐渐增加。市场化程度会对企业的技术创新产生影响。一般来说，市场化程度的提高会加剧竞争，提高资源配置的效率，提高生产效率，有利于创新研发。正常的市场竞争还会促使企业关注长期发展，为提高自身竞争力积极进行研发创新。市场会提高创新资源的配置效率，有限的资源可以更好地投入到研究开发活动中，创新研发的成果可以更好地满足消费者的需求，从而推动经济高质量发展。刘瑞（2019）实证研究发现市场化程度的提高会有助于企业提升创新效率，同时相对于国有企业而言，市场化程度对民营企业的创新效率提升效果更为明显。

第三节 财务预算约束、房价
影响城市创新发展的实证研究结果

一、财务预算约束、房价与城市创新产出的实证研究结果

表 3 - 1 汇报了财务预算约束、房价等相关因素影响城市创新产出的实证研究结果。从表 3 - 1 中第二行的回归结果可知，全国、东部、西部衡量财务预算约束变量（Budget）的系数分别为 0.0186、0.0102、0.1094，并都在 1% 的统一水平上显著。这意味着从全国水平、东部、西部来看，一个城市投入创新的预算越多，该城市创新产出就越大。从表 3 - 1 中第二行可知，西部衡量财务预算约束变量（Budget）的系数最大。在西部地区，放松创新投入的财务预算约束，创新投入的增加对促进创新产出增加的效应最明显。这表明放松创新投入的财务预算约束，增加创新投入有助于提高城市创新产出。

从表 3 - 1 中第二行的回归结果可知，东部、中部以城市房价与工资水平比值衡量的城市房价水平（Houp）的系数分别为 - 0.0145、- 0.1145，并且分别在 10% 、1% 的统计水平上显著。这表明东部、中部地区房价上涨不利于城市创新产出。房价不断上涨会提高房地产行业的利润率，吸引更多的资金配置到房地产行业，减少了创新研发的资金投入。房价不断上涨会推动劳动力、土地、原材料等要素价格上涨，压缩企业的利润空间。在利润减少的情况下，转向创新研发的资金会相应减少。创新研发资金投入是技术创新活动得以开展和进行的基础保障。创新研发资金的减少会抑制新产品研发和新技术的更新，申请的专利也会相应减少。但是，从全国水平来看，城市房价水平与城市创新产出并没有显著的影响。其可能的原因是城市的创新主要集中在东部、中部地区。政府相关部门采取措施，抑制城市房价的不断上涨，并提高最低标准工资水平，有助于提高城市创新水平。

从表 3 - 1 中第 5 行的回归结果可知，全国、东部地区衡量第三产业就业人数比重变量（Thirds）的系数分别为 0.0345、0.1077，并且分别在 1% 的统计水平上显著。这意味着从全国水平、东部地区来看，第三产业的发展有助于提高城市的创新产出水平。而中部地区、西部地区衡量第三产业就业人数比重变量（Thirds）的系数在统计水平上并不显著。东部地区衡量第三产业就业人数比重的变量（Thirds）的系数最大，并且在 1% 的统计水平上显著。这可能的原因是东部地区的第三产业比中、西部地区的第三产业发展得较好。随着经济的发展，产业结构高级化，第三产业发展会加快。而第三产业中许多行业如金融、科教卫文等都会影响当地城市的创新。大力发展第三产业尤其是可以为创新带来帮助的行业有助于提升城市的创新水平。

表 3 - 1 财务预算约束、房价与城市创新产出的实证研究结果

变量	全国	东部	中部	西部
Budget	0.0186*** (0.0033)	0.0102*** (0.0012)	- 0.0336 (0.0320)	0.1094*** (0.0228)

续表

变量	全国	东部	中部	西部
Houp	-0.0203 (0.0533)	-0.0145^{*} (0.0086)	-0.1145^{***} (0.0059)	0.1725 (0.1808)
Popd	0.0179 (0.0312)	0.0237 (0.24)	-0.0113 (-0.30)	-0.0016 (0.0037)
Thirds	0.0345^{***} (0.0043)	0.1077^{***} (0.0232)	0.0352 (0.0318)	-0.0015 (0.0037)
Hum	0.1055 (0.1066)	0.3779 (0.2462)	0.1055 (0.1066)	-0.0540 (0.0641)
Market	0.2738^{**} (0.1173)	0.0971 (0.0634)	0.1036^{***} (0.0150)	0.1147^{***} (0.0059)
调整后的	0.428	0.532	0.412	0.462

注：＊＊＊、＊＊和＊分别表示估计系数在1%、5%和10%的统计水平上显著。

从表3-1中第6行的回归结果可知，衡量城市人力资本变量（Hum）的系数在统计水平上并不显著。其可能的原因是目前有关部门并没有发布每个城市的衡量人力资本的数据，人力资本的内涵也比较丰富。本章用城市本专科学生数占城市人口比重来衡量城市人力资本可能会存在一定的偏差。

从表3-1中第7行的回归结果可知，全国地区、中部地区、西部地区衡量市场化变量（Market）的系数分别为0.2738、0.1036、0.1147，并且分别在5%、1%的统计水平上显著。东部地区衡量市场化变量（Market）的系数在统计水平上并不显著。其可能的原因，相对于中部、西部地区而言，改革开放以来，东部地区城市大力发展市场经济，城市间的市场化程度差异较小，城市市场化的发展会促进市场竞争，市场竞争会激发创新，以更好地在市场中发展。

二、财务预算约束、房价与城市创新质量的实证结果

表 3 - 2 汇报了财务预算约束、房价等相关因素影响城市创新质量的实证研究结果。从表 3 - 2 中第 2 行的回归结果中可知，全国水平、东部地区、中部地区衡量城市创新投入的财务预算约束的变量（Budget）的系数分别为 0.0349、0.0531、0.0528，并且分别在 10%、1% 的统计水平上显著。这意味着从全国水平来看，放松创新投入的财务预算约束，增加创新投入有助提高创新质量。发明创新是高风险、高投入的行为，研发经费的增加对于发明创新行为的开展是有帮助的。从表 3 - 2 中第 2 行的回归结果中可知，东部地区衡量城市创新投入的财务预算约束变量（Budget）的系数最大。这表明东部地区创新资金的投入对发明创新的促进效应最明显。相对于中部、西部地区而言，这与东部地区有助于发明创新的资金、人才要素最为充分有较大的关系。高素质的人才集聚与充沛的创新资金对提高城市创新质量是有很大帮助的。

从表 3 - 2 中第 3 行的回归结果中可知，全国水平、西部地区以城市房价与城市工资水平比值衡量的城市房价水平的变量（Houp）的系数分别为 - 0.0501、- 0.0524，并且分别在 1% 的统计水平上显著。这意味着从全国水平上、西部地区来看，房价与工资比值的增加会显著地降低城市创新质量，房价水平的提高不利于增加城市创新质量。而东部地区、中部地区房价水平对城市创新质量的影响在统计上并不显著。其可能的原因是东部地区、中部地区的城市工资水平较高，在一定程度上抵御了房价上涨对城市创新带来的不利影响。

从表3-2中第4行的回归结果可知，东部地区衡量城市人口密度的变量（Popd）的系数为0.0309，并且在5%的统计水平上显著。在东部地区，城市人口密度的增加有利于提高城市创新质量。在现实中，许多高素质人才、创新型劳动力流向东部城市。东部地区城市人口密度额增加会产生集聚外溢，促进城市创新质量的提高，因而，相关政府部门采取政策措施吸引高素质人才、创新型劳动力流入对于提高城市创新质量是有帮助的。

表3-2　财务预算约束、房价与城市创新质量的实证研究结果

变量	全国	东部	中部	西部
Budget	0.0349* (0.0186)	0.0531*** (0.0086)	0.0528*** (0.0185)	-0.0737 (0.0506)
Houp	-0.0501*** (0.0184)	-0.0727 (0.0506)	0.1014 (0.0634)	-0.0524*** (0.0086)
Popd	0.0980 (0.0638)	0.0309** (0.0144)	0.0806 (0.0507)	-0.0139 (0.0177)
Thirds	0.1936 (0.2325)	-0.0136 (0.0212)	0.3911 (0.5826)	-0.0080 (0.0127)
Hum	0.0977 (0.0634)	0.0958 (0.0630)	-0.0540 (0.0641)	0.0101 (0.0067)
Market	0.1035*** (0.0349)	-0.0324 (0.0234)	0.1213* (0.0625)	0.0502*** (0.0184)
调整后的	0.432	0.510	0.421	0.316

注：***、**和*分别表示估计系数在1%、5%和10%的统计水平上显著。

从表3-2中第7行的回归结果中可知，全国水平、中部地区、西部地区衡量城市市场化的变量（Market）的系数分别为0.1035、0.1213、0.0502，并且分别在1%、10%的统计水平上显著。从全国水平、中部地区、西部地区来看，城市的市场化对于提高创新质量是有帮助的。城市市场化程度较大意味着市场竞争较强。为了能在激烈的市场竞争中获取利润，必须开展高质量的创新活动。从表3-2中第7行的回归结果可知，东部地区衡量城市市场化的变量（Market）的系数在统计上并不显著，这或许是因为东部地区城市间市场化程度的差异不大。

三、财务预算约束、房价与城市创新效率的实证结果

表3-3汇报了财务预算约束、房价等相关因素影响城市创新效率的实证结果。从表3-3中第2行的实证回归结果中可知，全国水平、东部地区、中部地区、西部地区衡量城市财务预算约束的变量（Budget）的系数分别为-0.3527、-0.1028、-0.1695、-0.0960，并且分别在1%、10%的统计水平上显著。这表明在经济投入上来看，单纯的创新资金投入的增加并不利于提高创新效率。一方面，这可能与创新效率指标的设置有关；另一方面，这意味着不能单纯地放松创新的财务预算约束、增加创新投入，还应该设置相关的措施来提高创新效率，例如以创新成果实施情况来提供创新的财政补贴，提高创新资金的使用效率。

表 3-3　财务预算约束、房价与城市创新效率的实证研究结果

变量	全国	东部	中部	西部
Budget	-0.3527*** (0.0400)	-0.1028*** (0.0353)	-0.1695*** (0.0402)	-0.0960* (0.0511)
Houp	-0.0071 (0.0069)	0.0499 (0.0941)	-0.0157 (0.0140)	0.0228 (0.0321)
Popd	0.0174 (0.0376)	-0.0127 (0.0080)	0.0053 (0.0064)	0.0141 (0.0132)
Thirds	0.1123* (0.0625)	0.2086** (0.0864)	0.0120 (0.0297)	-0.0388 (0.0318)
Hum	0.0166 (0.0141)	0.0119 (0.0128)	-0.0039 (0.0034)	0.0087 (0.0185)
Market	0.0541*** (0.0186)	0.0256*** (0.0090)	0.0357** (0.0180)	0.0027 (0.0037)
调整后的	0.426	0.462	0.328	0.336

注：＊＊＊、＊＊和＊分别表示估计系数在1%、5%和10%的统计水平上显著。

从表 3-3 中第 5 行的回归结果可知，全国水平、东部地区衡量城市第三产业比重（Thirds）的系数分别为 0.1123、0.2086，并且在 10%、5% 的统计水平上显著。这表明从全国水平、东部地区来看，第三产业比重较大的城市会有较高的创新效率。从表 3-3 中第 5 行的回归结果可知，中部地区、西部地区衡量城市第三产业比重（Thirds）的系数分别为 0.0120、-0.0388，但是在统计水平上并不显著。相对于东部地区而言，中部地区、西部地区第三产业的技术水平较低，发展情况相对不发达。这意味着中部地区、西部地区采取政策措施进一步发展第

三产业，尤其是高新技术产业，有助提升当地城市的创新效率。

从表 3 - 3 中第 7 行中的回归结果中可知，全国水平、东部地区、中部地区衡量城市市场化的变量（Market）的系数分别为 0.0541、0.0256、0.0357，并且分别在 1%、5% 的统计水平上显著。这表明全国水平、东部地区、中部地区城市市场化的提高会有助促进城市创新效率。市场化程度较高的城市往往会有较强的市场竞争程度。

第四节 促进城市经济高质量创新发展的政策建议及措施

本章以我国 1999—2018 年的 35 个大中城市相关数据为研究样本，构成面板数据，得出相关的实证研究结果。从全国水平、东部、西部来看，放松创新投入的财务预算约束，一个城市投入创新的预算越多，该城市创新产出就越大。在西部地区，放松创新投入的财务预算约束，创新投入的增加对创新投入的促进效应最明显。东部、中部地区房价上涨不利于城市创新产出。从全国水平、东部地区来看，第三产业的发展有助于提高城市的创新水平。从表 3 - 1 中第 7 行的回归结果可知，全国地区、中部地区、西部地区衡量市场化的变量（Market）的系数分别为 0.2738、0.1036、0.1147，并且分别在 5%、1% 的统计水平上显著，这表明城市市场化会促进城市创新产出。从全国水平来看，放松创新投入的财务预算约束，增加创新投入有助提高创新质量。这意味着从全国水平上、西部地区来看，房价与工资比值的增加会显著地降低城市创新质量，房价水平的提高不利于增加城市创新质量。在东部地区，城市人口密度的增加有利于提高城市创新质量。从全国水平、中部地区、西部地区来看，城市的市场化对于提高创新质量是有帮助的。从表 3 - 3 中第 2 行的实证回归结果中可知，全国水平、东部地区、中部地区、西部地区衡量城市财务预算约束的变量（Budget）的系数分别为 - 0.3527、- 0.1028、- 0.1695、- 0.0960，并且分别在 1%、10% 的统计水平上显著。单纯地放松创新的财务预算约束，增加创新投入，不一定会提高创新效率。从全国水平、东部地区来看，第三产业比重较大的城市会有较高的创新效率。从全国水平、东部地区、中部地区来看，城市市场化的提高会有助促进城市创新效率。

随着经济发展、城镇化进程的大力推进，房地产市场不断发展，房价不断上涨。房地产业会对资源产生虹吸效应，大量的资源集聚在房地产业会导致资源配置的扭曲。创新过程是一个涉及社会各个部门、多层次宽领域的动态活动，创新成果的实现与转化受内外部环境的影响。因此，构建促进创新开展、创新成果实现的良好环境对实现城市经济高质量创新发展是有帮助的。本章根据相关理论机制、实证研究结果提出了促进城市经济高质量创新发展的相关建议，相关理论机制、实证研究结果、建议也可以为相关政府部门制定促进城市经济高质量创新的政策时提供参考。

第一，建立健全研发资金投入机制，加大创新资金的投入力度，引导社会资金进入创新领域，提高创新资金经费使用效率，优化资金的投入结构，促进创新发展。确定合适的财政资金投入规模，使创新投入资金的增长速度与经济发展的速度、财政收支总额相适应，为高等院校、研究机构、科研院所和其他创新主体提供财政支持。提高创新投入占财政支出的比重，增加创新财政投入规模，有利于削弱房地产价格上涨对城市创新的"挤出作用"，为各创新主体的创新活动提供更多的资金支持。改善融资环境，引导和激励各种社会资源向创新活动投入。银行等金融机构构建适合创新活动发展的信贷模式，通过调整贷款利率和放贷方向，改善创新主体尤其是企业的融资约束。积极开放创新风险投资市场，鼓励外国资本和民间资本进入风险投资领域，拓宽融资渠道，为创新活动提供资金支持，从而为创新主体提供更多的创新投入。优化资产投资结构，防止更多的资金进入房地产行业。合理的社会固定资产投资对产业转型升级、技术进步具有积极的推动作用，例如提高基础设施投资占比、提高城市生活的便捷性、为城市产业转型升级提供良好的城市经济环境和服务。

第二，制定合理的税收优惠、研发补贴，提高创新效率，促进传统产业优化升级，完善知识产权保护制度，推进创新成果市场化，激发创新主体积极开展创新活动。过高的城市房价加大了传统劳动密集型企业的用工成本和生产成本，压缩了劳动密集型企业的利润空间。一方面，税收优惠、研发补贴可以放松创新主体的财务预算约束，促进创新活动的开展。因此，政府应通过制定税收优惠、研发补贴等定向政策，增加创新资金投入，提高创新效率，引导和促进我国低收入地区的劳动密集型企业向资本密集型、技术型企业转换，促进产业优化升级。通过产业转型升级，降低经济发展对房地产市场的过度依赖。另一方面，风险高、成功率低是创新的重要特征，受到激励的公司会重数量轻质量，为获得更多的政府补贴与税收优惠而选择性创新（黎文靖，郑曼妮，2016）。本章的研究结论也指出创新资金的增加未必会提高创新效率。

为了避免这种情况，应设置针对性的创新评价，提高财政补贴、税收优惠的使用效果，提升创新效率。对创新采取财政补贴、税收优惠等政策时，应制定更加具有针对性的考量标准。例如对于创新绩效评价从关注创新投入转移至注重创新成果的质量，使得财政补贴、税收优惠政策能够更好地发挥激励效用。进一步完善知识产权保护制度，保障创新者得到应有的收益，构建创新成果的交易平台，推进创新成果的市场化，促进创新主体的创新积极性。

第三，积极推行合理的房地产调控政策，防止房价过快上涨，抑制房地产的投机性需求，引导资金流向创新领域。抑制城市房价的过度上涨是房地产调控措施的主要目标。房价过快上涨不利于创新产出、创新质量、创新效率的提高。住房的刚性需求是基于满足人们基本的居住需求，住房的刚性需求会涉及民生，投机需求则会引起房价的过快增长。因而，应实行有差别的限购、限贷的房产税调控政策。因地制宜、因城制宜和因人制宜实施限购政策具有合理性，可以鼓励和保护消费性住房的刚性需求，可以抑制投资性房地产需求，防止房价过快上涨。对于初次购房的当地居民，应给予贷款额度和利息上的优惠，以保障当地的民生。严厉限制炒房、炒地的投机行为。出于抑制投机性需求的限购政策并不影响民生、限购、限贷政策可以阻滞房地产的投机性需求。房地产投机性需求的减少必然会使投机性资金流出房地产市场，缓解高房价对实体经济部门技术创新资金投入的挤出效应。相对而言，更多的社会资金会流向其他领域。创新活动、创新产业发展所需的资金更有可能获得保障。在房地产供给方面，建立租购并举、多渠道保障、多主体供给的住房制度，以抑制房价过快增长。合理的房价有助于吸纳人才、提供创新资金；合理的房价会降低房地产投资回报率，减少企业投机资本流向房地产领域，流向自主研发与创新的资金有可能会增加。因而，房地产调控对于城市创新能力的发展会有着重要的影响。房价上升带来的财富效应会加剧贫富分化，应加快建立多主体供给、多渠道保障、租购并举的住房制度，提高住房供给，有利于降低房地产价格。过高的房价会影响到人们最基本的居住需求。房价过快上涨不利于经济健康发展、资源优化配置，社会民生的改善。

第四，构建合理的薪酬体系结构，提高劳动力的工资水平，优化人才政策，以留住、吸引人才，促进城市创新发展，抑制房价上涨对城市经济高质量创新发展带来的不利影响。为提升创新产出能力、创新成果的经济效率，不仅需要物质资本的投入，还需要人力资本的积累。在刚性需求下，高房价会使劳动力承担更大的购房或者租赁成本。房价上涨会增加劳动力的生存成本与购房压力，对于无房的劳动力来说，高房价会降低生活质量、幸福感。构建合理的薪酬体系、提高劳动力的工资水平有助于劳动力更有能力抵御高房价带来的不利因素。根据研发绩效对劳动力实施奖励措施，有助于提高创新热情，合理的薪酬体系可以留住、吸引劳动力、创新型人才，更有可能激发劳动力的工作热情、创新能力。企业高管的薪酬激励制度能促使高管做出加大研发投入的决策，对研发创新投入有显著的促进作用（梁毕明和齐聪俐，2019）。因此，积极完善人才的薪酬体系是十分必要的。随着房价上涨，购房压力越来越大，有些劳动力的就业地域选择也会发生变化，劳动力的流失，尤其是高素质人才的流失显著不利于当地的创新。缺少高素质的劳动力对于企业发展、当地的经济建设都会产生较大的抑制作用，因此，政府制定政策时不仅要从宏观的价格抑制政策入手，还应该关注微观因素。为了当地的经济高质量创新发展，政府有必要采取更多措施留住人才，如购房补贴、保障住房等措施，并以此来吸引人才、留住人才，形成自身的人才储备。

第五，推进核心城市群建设，平衡区域资源配置，防止房价过快上涨，大力发展市场经济，推进资源要素合理分布，促进市场竞争，提高创新产出、创新质量、创新效率。不同区域内代表性的核心城市会吸引周边城市的资源，不断聚集人口、资本和技术等生产要素。生产要素、资源的过度聚集会导致核心城市房价的过度上涨，不利于城市的创新、产业结构的优化升级。同时，周边城市的发展会受到限制。基于核心城市，建立核心城市群，可以分散核心城市的资源，平衡城市间的创新资源、创新人才的合理分布，可以避免核心城市房价过快增长。建设核心城市群可以促进城市间信息交流、知识流动与共享，充分利用相邻城市的技术创新条件和环境，加强城市间技术创新合作，有利于促进城市间的协同创新发展。同时，政府部门采取政策措施大力发展市场经济，提高市场化，促进竞争，提高创新产出、创新质量、创新效率。

第四章

财务预算约束、房价与城市消费经济质量的实证研究

第一节　财务预算约束、房价与城市消费质量的相关研究

一、问题的提出

消费、出口和投资是推动一个区域经济增长的动力。在区域经济中，消费占据较大比重。随着我国经济从高速发展向高质量发展转变，消费对经济逐渐发挥更大的作用。根据国家统计局发布的数据显示，2019 年消费支出对经济增长的贡献率为 57.8%。因而，在经济增长过程中，消费已经成为主导力量。消费作为经济增长主动力的地位进一步巩固。根据凯恩斯的经济增长理论，消费的扩张会带动生产活动的增加，从而有利于扩大生产规模，增加产出，进而促进经济增长。随着经济的不断发展，生产能力不断增强，产品不断丰富，这为消费的升级提供了条件。随着人均收入的增加，人们的消费能力日益提升，因而，刺

激消费会是我国经济增长的重要动力。人们用于满足日常生活的消费支出不断增加，包括购买实物支出、服务性消费支出。例如，食品、衣着、家庭设备用品及服务、医疗保健、交通和通信、娱乐教育文化服务、居住、杂项商品和服务八大类常见的消费支出对象。消费在经济增长中的比重逐渐提高；消费层次不断提高，发展型、享受型消费比重不断增加；个性化、差异化消费不断涌现。消费结构升级转型会带动一系列相关产业的发展，如教育、娱乐、文化、美容、旅游等产业发展。不断提高创新水平，推进供给侧结构性改革，提高有效供给，满足消费升级的诉求，以使消费市场供需相匹配，有助于解决人民日益增长的美好生活与不平衡不充分的发展之间的矛盾。按照需求引致创新的理论，消费结构升级会促进经济高质量发展。随着消费在经济增长中的比重逐渐增大，消费在促进经济高质量发展中的作用逐渐增加，城市消费质量会成为城市经济高质量创新发展中的重要组成部分，消费已经成为我国经济高质量发展的"助推器"，正因为如此，国家高度重视消费对经济发展的促进作用。十八大报告中明确指出要"把握扩大内需这一战略基点，加快建立扩大消费需求的长效机制"；十九大提出"完善促进消费的体制机制，增强消费对经济发展的基础性作用"，并进一步提出消费升级的重要性。随着消费升级范围扩大，渗透到经济社会发展的多个方面，经济发展的质量会得以提升。消费升级与城市经济高质量创新发展密切相关，推动消费结构升级、增加消费已成为拉动消费内需、助推我国经济社会高质量发展的重要动力。因此，深入研究城市消费的影响因素对促进城市经济高质量发展有着至关重要的作用。

　　既然从现实可知消费对经济高质量创新发展具有重要性，那么影响消费的因素又哪些？不同学者提出了影响消费的不同理论。凯恩斯提出了绝对收入假说理论。凯恩斯首次将消费、收入与宏观济因素联系起来分析，认为居民的消费决策主要根据自身的收入情况，居民的收入才是决定消费的关键性因素。弗里德曼的持久收入假说则认为只有长期的持续性收入才会对持久消费产生影响，而短期的收入对消费的影响并不显著。根据生命周期假说，家庭的财富大小和财富变动会影响消费支出，人们会根据家庭财富水平合理地在各个生命周期内进行平滑消费。

然而，影响消费支出的因素有很多，影响消费支出的机制也有很多，例如财务预算约束、财富效用、挤出效用等因素对消费需求有着重要的影响。在影响消费的众多因素中，房价是不可忽视的重要因素。随着改革开放以来，房价不断上涨，高企的房价受到学界、社会、政府等各界的关注，房地产价格的过度扩张会影响居民的消费增长。例如，根据生命周期理论，若房价上涨，房地产财富会增加，人们在各个阶段的消费水平也会得到提高。房地产作为家庭财富的重要组成部分，房价的上涨会对消费产生影响。一般来说，房价上涨会对消费带来正的促进作用，也会带来负向的不利影响。例如，房价会产生财富效应进而增加居民消费，具有正向作用；另一方面，房价增长会挤出进入消费的资金，形成对消费的挤出效应。这两种效应会共同对城市消费产生影响。

房价上涨会给消费带来正的影响。随着房价的不断上涨，房地产成为财富的重要组成部分。房价的波动会直接引发家庭财富效应的变动，进而影响消费。作为财富的一部分，当房价上涨，居民可感知的财富余额会增加，家庭财富的增长会放松财务预算约束，进而增加居民消费需求，提高消费支出。房价上涨还会影响当地的消费升级。一方面，房价提高会给当地消费需求升级带来直接影响。房价上涨会通过财富效应增加有房产的人们的财富，根据生命周期理论，消费除了会受到收入的影响之外，还会受到家庭财富的影响，有房产的人的财富增加会提高消费者需求层次，进而促进相关产业的转型升级。另一方面，房价增长会给当地的消费需求升级带来间接影响。房价增长增加了当地劳动力的生活压力，无法承担生活成本的部分外来劳动力会选择迁出，留下高附加值产业的劳动力对消费需求层次也会增加，为了匹配人们的消费需求，相关产业必须进行优化升级。

房价上涨也会给当地的消费带来负面影响。根据需求引致创新的理论，市场对于产品质量和多样化的需求是企业不断改进、创造新产品的动力。为了占据市场、获得利润，企业会积极开发新产品。对于那些住房刚性需求者来说，房价上涨会限制其获得住房，为了实现拥有住房的目的，增加负债、提高储蓄是必然选择，这会进一步抑制其消费需求。随着房价上涨，房租价格也会相应增加，这也会挤压居民的消费支出。此外，一旦房价上涨会导致社会将更多的资金用于房地产，过高的房地产价格减少了进入其他行业的资金，社会需求会遭到抑制，进而不利于其他产业发展、技术创新。刘建江等（2019）研究发现城市的高房价还会通过消费渠道抑制城市制造业的发展。

对于持有不同房地产状况的家庭来说，房价变动会对不同房地产状况的家庭消费产生不同的影响。从住房角度分析，高房价是收入差距扩大的重要原因。房价上涨会产生富者愈富、穷者愈穷的"马太效应"，将直接增加住房拥有者的财富值，加大贷款购房者或租房者的负担，进而影响居民收入。对于多套房持有者而言，房价上涨无疑会带来可以兑现可能性大的财富。但对于租房者和刚需者而言，房价上涨引起的房租上涨、购房款的增加则会抑制他们的消费。由于收入差距的存在，低收入群体难以承担高额房价，由高房价带来的较高房租会使低收入群体减少消费需求、降低消费层次。对于购房满足刚性需求的收入群体而言，高房价会挤出消费。对于没有购房压力或购房压力甚小的收入群体来说，高房价对消费的影响较小。

具体来说，财富效应、预防性储蓄、挤出效应、抵押效应、预算约束效应和替代效应是房价影响消费的相关机制。

财富效应。财富效应又称实际余额效应，在其他条件相同的情况下，货币余额的变动会引起人们消费开支的变动。例如，一旦物价下降，虽然消费者原本的自有财富总量没有变化，但是消费者本身所感知的财富量是增加的。即一旦价格下降，既定的收入可以消费更多产品，导致可感知的各种财富的实际总量增加，居民更有可能降低储蓄率，增加消费支出，有利于推动经济发展。根据生命周期理论，财富的增加会刺激消费者增加消费。随着社会经济发展，家庭财富形式逐渐多样化，财富效应由货币余额逐渐发展为居民净资产或居民可支配收入对居民消费的正向刺激。随着经济社会的逐渐发展，财富形式开始多样化，房地产、股票债券、基金等也逐渐成为财富的组成部分。在家庭生产和生活中，住房是不可或缺的物资资料，房地产本身兼具消费品、投资品的双重属性。房地产不但是我国人们的重要消费对象，而且还是人们的重要投资对象。房地产作为一类消费品是许多家庭和个人的刚需，随着房价的不断上涨，对于一般家庭来说，房地产是价值比重较高的消费品或投资品。住房在我国家庭中具有举足轻重的地位，是财富的重要组成部分之一，房地产也在国民经济中占据重要地位，无论对家庭还是对社会来说，房地产价格高低都会对消费产生比较重要的影响。房价上涨的财富效应是指房价上涨会增加居民财富从而促进居民消费。根据生命周期理论，一旦家庭财富发生改变，消费者的消费行为会发生改变，因此，房价上涨会改变家庭、当地的社会财富，影响当地的消费。对于两套及以上房地产的持有者来说，房价上涨会增加更有获得感的财富。拥有多套住房的持有者一般会将闲置的住房用于出租，在房价上涨后，住房租金也会相应地提高，增加的租金成为财富增长的部分，会促进居民消费。拥有多套住房的持有者还可以将闲置的房产出售变现来增加流动性，放松财务约束，从而有利于增加消费（丁攀，胡宗义，2008）。对于拥有一套房的持有者来说，房价上涨会促使意识上的房地产财富增加，使其支付远小于房价上涨后再购买住房的成本，通过增加心理自信来促进消费。在现实中，住房财富效应需要一定条件才能实现，对于只有单套住房的人来说，其不会轻易出售住房来获取资金，而且我国有较强的遗赠动机，将住房留给下一代，这使得我国单套住房资产流动性比较弱。

　　预防性储蓄效应。预防性储蓄理论认为风险厌恶型消费者进行储蓄行为的目的是用来预防未来的不确定性。收入的变动、财富的变动，宏观经济的变动都会成为不确定性的来源。谨慎性原则和预防性原则是储蓄行为的一部分原因。由于信息的不对称和信贷的约束，为了更好应对不完善的市场、流动性约束，进而进行预防性储蓄，考虑未来经济、社会环境的不确定性，为了解决未来不确定性所导致的潜在危机，人们更倾向于进行预防性储蓄。一旦房价上涨，人们都会增加储蓄用于未来支付的住房对价。在考虑了流动性约束和不确定性等因素的情况下，房价上涨无论在长期还是短期都会通过预防性储蓄效应对居民消费产生负面影响。Attanasio 等（2009）研究指出在既定的收入情况下，潜在的购房者会预期财富下降，需要增加购房储蓄，从而减少了当期消费。预防性储蓄效应主要针对的是有购房刚性需求的人群。房价的持续上涨，容易造成未来房价仍将上涨的预期，房价上涨使得潜在的刚性需求者所需要支付的购房款也随之增加，为了更早地实现购房计划，会不断增加储蓄，减少对教育培训、文化、休闲娱乐等非购房消费，从而降低消费水平。

在经济学范畴内，挤出效应则是指政府支出增加所引起的私人消费或投资降低的效果。为了研究房价波动对消费的影响关系，本章所指的挤出效应即资产价格上涨导致资产需求者需要支付的对价或者租金增加，进而强化财务约束，降低消费水平，不利于经济增长的效应。具体来说，房价上涨导致更多资金进入房地产领域，增加了购房者的负债、租房者的财务压力，从而挤出进入其他消费、投资的资金，降低消费。例如家庭为了购房支付首付款、偿还住房贷款而降低消费，从而对消费造成"挤出效应"。面对房价上涨，有些人的消费偏好会发生改变。房价在预期期间不断上涨，投资住房的回报率就有可能远超过投资其他金融产品。这种情况下，有些人会改变消费偏好，甚至对拥有住房的家庭来说，其消费偏好也可能改变，选择购买改善性住房或投资性住房，而不会选择住房的财富效应。有些人更倾向于把资金用于购买住房，降低其他消费，来追求终生财富和效应的最大化，从这个角度来说，房价上涨会挤出当期消费。对于租房者来说，房价上涨使得房租上涨，加大了租房者的生活成本。在既定的收入情况下，租房的居民只能选择降低租房标准，即租更便宜的房子，否则一旦租房者需要支付较高的租房成本时，租房者只能减少非住房性的其他消费，从而抑制了消费。对于准备购房的居民来说，房价上涨后其需要支付更高的价格才能购房。在既定的收入情况下，对于潜在购买住房者而言，房价上涨时，只能减少购房面积，或者降低家庭消费。如果潜在购买住房者选择降低家庭消费，这意味着房价上涨对消费产生挤出效应。住房的挤出效应体现了房价上涨对消费的不利影响，住房的挤出效应更多体现在租房人群或潜在购房人群中，挤出效应会使房价上涨导致消费下降。

流动性约束下的抵押效应。流动性约束是指货币与资金量不足，又难以从金融机构、非金融机构、个人取得贷款以满足消费、投资。面对流动性约束，消费者当期能够进行的最大消费就是其所获得的收入。房价的抵押效应指房价上涨时家庭的住房价值增加，居民可以利用更高的房地产价值进行抵押再融资，因而以此可以获得更多的抵押贷款，从而降低流动性约束，促进家庭消费增加（邓健，张玉新，2011）。房地产价格上涨能否使实际收入、流动性增加，往往受到当地相关金融体系、中介机构的发达程度的影响。作为固定资产的房地产交易时间较长、成本较大、交易流程较为烦琐，房地产变现具有一定的难度。房地产价值较大，具有可视性、不可移动性使其具备成为抵押的品质。当然在现实中，房地产抵押价值的提高未必能获得较好的流动性。其可能的原因是信息不对称导致的道德风险和逆向选择使信贷市场的均衡利率较高，借贷成本较高，潜在贷款人可能会被迫放弃贷款。还有其他的可能是信贷市场不发达，消费信贷规模较小，无法覆盖贷款人需求。

房价上涨产生的财富效应、抵押效应对消费会产生正的影响。除了以上几种效应外，房价对消费的影响还包括预算约束效应和替代效应。

对于租房者、潜在购房者而言，房价上涨会使租房成本、购买成本增加，强化了财务预算约束，从而减少消费。具体来说，房价上涨会使房租上涨，对于租房者来说，房租上涨会使预算约束更紧。在既定的收入情况下，租房者必然会减少其他非住房性消费的预算，从而抑制了消费。对于准备购买住房的人来说，房价上涨后，需要支付的首付款或者全款会增加，财务预算约束会更紧，限制了消费者的资金流动性，降低人们消费。替代效应往往出现在高房价地区。一旦高房价地区的房价远高于居民收入，房价仍在持续上涨且没有任何下跌迹象，那么潜在购房者可能会延迟或者取消买房计划，转而将购房留存下的钱款用于消费，进而可以提高消费，这种现象称之为替代效应。

虽然对财富效应和挤出效应的具体分析可以较好地理解房地产对消费的影响途径，但是住房市场体量庞大、错综复杂，涉及住房交易市场、住房租赁市场、上下游相关产业链、金融机构等。因此，一般来说，房价变动并不仅仅依靠单一的财富效应、挤出效应、财富效应和挤出效应共存来影响消费。房价变动向消费传导的方式和途径是较为复杂的。

1998 年房地产改革以来，我国房地产市场迅速发展，房地产已经成为城市家庭资产的重要组成部分，与此同时，我国房产价格不断上涨，房价已经影响到经济的各个方面。学界、社会、政府等各界开始关注房价变动对消费的影响。投资、出口、消费是拉动我国经济增长的三驾马车，其中消费拉动经济的比重越来越重，消费成为拉动经济增长的"第一辆马车"。房价波动会对居民消费产生不同程度的影响，就目前房地产市场而言，房地产不是单纯意义上的居住，也成为一种保值增值的投资手段，房地产价格的涨跌会影响到宏观经济发展的许多方面，房价波动还会通过影响消费需求的变化对整体居民福利产生影响。实现消费的合理升级是提高居民生活福利的重要途径，也是促进城市经济高质量创新发展的重要方式。党的十九大报告明确指出，需要完善消费体制机制，充分发挥消费刺激经济增长的作用。消费的转型升级对刺激国内需求、扩大市场、实现经济结构转型升级、实现经济高质量创新发展具有重要的现实意义。房价上涨究竟是促进消费增长（即"财富效应"），还是抑制了消费增长（即"挤出效应"）？房价最终如何影响经济高质量发展呢？因此，在经济发展进入新常态，经济从高速增长进入高质量发展阶段的背景下，研究房地产价格上涨如何影响城市消费有着重要的现实意义。消费结构的合理不但有助于实现人民日益增长的美好生活需要，也有助于促进城市经济高质量创新发展。

消费是拉动国家或地区经济持续增长的动力之一，消费可以起到稳定经济的作用，在经济高质量创新发展的背景下，改善消费结构、促进消费增长具有重要的现实意义。消费增加、消费结构的改善可以促进企业扩大生产、增加投资需求、推动技术创新、优化产业结构，从而有助经济高质量创新发展。通过刺激消费促进供给侧、需求侧的良性循环，逐渐增强消费对城市经济高质量创新发展的作用。一个区域不同群体的消费需求共同组成了对当地的消费总需求。厘清不同的消费群体对房价变动时表现出来的消费行为的差异性，可以提出促进消费的更加针对性的政策措施。本章将系统分析研究财务预算约束、房价对城市消费的影响，并分析如何建立起房地产市场长效机制，发挥房价上涨带来的财富效应，减少房价过高所导致的挤出效应，引导消费结构高级化，促进城市经济高质量创新发展。系统研究房价上涨如何影响城市消费、消费结构，对于下一步制定住房制度改革和长效机制建设，以及推进消费优化升级、实现经济高质量创新发展有着重要的意义。城市消费经济的健康发展有助于促进城市经济高质量创新发展。本章相关的研究结论可以为促进城市消费经济高质量发展提供相关建议，本章的研究结论也能为政府制定房价调控政策提供一定的参考。此外，房地产市场作为一个区域性市场，房价的变动是影响区域经济发展的重要因素，发展房地产还是发展消费成为两难选择。在这种情况下，分析研究房价对消费的影响，可以为构建合理的房地产政策、促进消费发展提供建议。相关的研究结论有助于加快房地产市场的转型，进一步增强消费对经济高质量创新发展的基础性作用。

二、相关研究背景

学界对财务约束预算、房价影响消费的研究并没有得出一致结论。从理论上来看，放松财务预算约束会促进消费增长，房价会影响消费者的预算约束。有些学者研究发现房价上涨对消费会产生积极的促进作用；有些学者研究发现房价上涨对消费会产生消极的影响；还有些学者研究发现房价下跌对消费的影响并不明显；有些学者研究发现房价趋势和消费趋势存在较强的相关性，房价和消费会产生同向变动。

从实证研究的文献中可知，有些学者研究指出房价上涨对居民消费产生显著正向影响。Aokia、Proudmanb、Vliegheb（2004）运用一般均衡模型分析研究了房价对消费的影响，研究发现价格上涨，相应的抵押品价值增加，促进住房需求和非住房消费的增加。Case、Quigley、Shiller（2005）使用14个国家25年的数据和美国各州20世纪80到90年代的季度数据研究股市和房市的财富效应，研究发现住房财富对家庭消费存在显著且较大的正向财富效应。Chen（2006）研究发现住房财富、消费之间存在显著的统计关系，房价持续上涨对消费有促进作用。Campbell、Cocco（2007）基于1988年到2000年英国家庭住户的微观数据进行分组分析，研究发现房价变动对消费支出存在直接的财富效应，即房价上涨会促进非住房消费增加。Gan（2007）基于中国香港的微观数据进行研究，发现房价上涨对居民消费具有显著影响，住房财富增加，居民消费将随之提高。Iacoviello、Minetti（2008）分析研究了芬兰、德国、挪威和英国四个国家的住房市场情况，研究发现住房价格上涨促使住房抵押价值增加，随着房地产抵押价值提升，住房持有者通过资产抵押价值增加可以获得更多的现金流，来增加消费。骆祚炎（2008）使用1985—2006年的年度数据，研究认为住房资产和金融资产的财富效应同时存在，住房资产的财富效应小于金融资产的财富效应。Bostic、Gabriel、Painter（2009）基于1989—2001年美国消费者金融调查和支出调查数据，研究指出住房价格上涨会增加抵押房地产价值，放松信贷约束，可以获得更多的贷款，相应的消费会随之增加，而且老年人的房产财富弹性大于年轻人的房产财富弹性。黄静和屠梅曾（2009）使用我国家庭微观调查数据，研究发现房地产财富对居民消费具有显著的正向财富效应，房价上升会增加消费。Benito、Mumtaz（2009）使用英国微观调查数据，研究发现由于家庭存在流动性约束或者抵押效应，房价上涨会使流动性受到限制的家庭更有能力进行借贷获得流动性，进而增加消费。Gan（2010）研究发现住房资产能显著促进家庭消费，拥多套住房的家庭消费倾向更强。Attanasio、Leicester 和 Wakefield（2011）研究发现住房的财富效应与消费的关联并不大，抵押效应对消费的促进作用更明显。Carroll、Otsuka 和 Slacalek（2011）使用美国数据进行实证研究，发现从长期来看住房财富对消费的影响大于短期的住房财富对消费的影响。赵杨、张屹山、赵文胜（2011）使用我国1994—2011 年的宏观数据，分析研究房价对消费的影响，发现不同时间段的房地产财富效用大小是不同的。Bonis、Silvestrini（2012）使用11 个 OECD 国家的季度数据分析金融资产、房产对消费的影响，研究结果表明净金融财富和房地产财富对消费均有正面促进作用。Case、Quigley 和 Shiller（2012）使用美国的相关数据，分析研究住房财富与消费的关系，研究发现在统计上住房财富对家庭消费会产生具有显著的影响，住房财富促进消费的效应是显著的。赵西亮、梁文泉、李实（2013）使用我国 2002—2007 年的数据，分析研究了房价、家庭储蓄、消费之间的关系，研究发现房价上涨降低了居民的储蓄率，促进居民消费的增加。杜莉、沈建光和潘春阳（2013）使用上海城镇居民入户调查数据，研究发现房价上涨通过住房财富效应促进了拥有住房家庭的消费、边际消费倾向，房价上涨通过替代效用放弃购房，进而促进了无住房家庭的消费、边际消费倾向。梁艳艳、杨巧、陈诚（2018）使用2005—2015 年 263 个地级市的面板数据，分析研究了收入分配、房价对消费的影响，研究发现房价上涨通过财富效应，可以提升居民消费水平。周利、易行健（2020）使用中国家庭动态跟踪调查数据，研究发现房价持续上涨将显著促进有房家庭的消费。

　　有些学者的实证研究指出住房价格上涨对居民消费产生不利影响，对消费产生抑制作用。不同学者的研究同时也指出了不同的原因。Moriizumi（2003）研究发现房价上涨会促使租房者、潜在购房者增加储蓄，降低消费。Muellbauer、Murphy（2008）研究指出由于消费信贷市场不完善，住房价格的上升对居民消费产出挤出效用。刘旦、姚玲珍（2008）利用我国1978—2006年的数据，研究发现2000—2006年期间的房地产财富效应对消费产生负的影响，即房价上涨抑制了消费，房价上涨幅度越大，抑制消费的效应越强。况伟大（2011）使用我国1996—2008年35个大中城市数据，分析研究发现房价上涨会显著降低非住房消费。陈斌开和杨汝岱（2013）使用城镇住房调查数据，分析研究了土地供给、房价和储蓄之间的相互关系，研究发现为了追赶房价，房价上涨会增加储蓄、降低消费。胡颖之和袁宇菲（2017）使用我国省级面板数据，研究发现住房价格上涨会抑制居民消费。汪伟、刘志刚、龚飞飞（2017）使用我国35个大中城市2000—2013年面板数据进行实证研究，发现房价上涨会抑制消费结构的升级。黄詹媛（2020）使用1999—2017年30个省（直辖市、自治区）的面板数据模型，研究发现房价上涨会阻碍消费结构升级。张娜、吴福象（2020）使用2002—2016年31个省份数据，构建省级动态面板模型，研究发现房价波动对居民消费主要表现为挤出效应。

　　还有些学者认为房价对消费没有显著的影响。Skinner（1989）使用美国收入动态面板数据（PSID），分析了房价变动对消费和储蓄的影响，研究指出房价上涨并没有对消费产生太大的影响。Attanasio、Weber（2002）使用英国的微观数据对居民消费的预期值进行分析研究，通过年轻组、老年组居民消费的预期值与实际值进行比较，研究发现年轻组消费的实际值远大于预期值，而老年组消费的实际值与预期值之间并没有太大差异，研究指出财富效应对消费并不会带来太多的影响，其可能的原因是年轻房主可以通过生产率的提高获得更多的收益，未来预期收入会增加，从而促进消费。Sinai、Scmleles（2005）研究指出房价波动并没有对居民消费产生影响。刘旦、姚玲珍（2008）利用我国1978—2006 年的数据，研究发现不同时间段房价对消费的影响不同，1978—1999 期间的房地产价格对消费没有显著影响。Attanasio、Blow、Hamiltion 和 Leicester（2009）使用英国微观数据，分析研究房地产财富与消费关系的财富效应、抵押效应和共同因素的影响途径，研究发现财富效应无法解释年轻家庭消费对预期或未预期的房价变动的反应要大于年老家庭消费，抵押效应无法解释房价变动项的系数大小在有房者和无房者之间没有明显差别的现象，因而房价的财富效应、抵押效应并不能影响消费，预期收入上涨和生产率提高才是房价影响消费的重要因素。Atalay、Whelan 和 Yates（2016）使用澳大利亚和加拿大的数据来分析研究消费和家庭财富之间的关系，研究发现财富效应与消费之间并没有太大的关联性。

学者们对财务预算约束、房价与消费之间的关系进行分析研究，相关的研究结论并不一致，对房价影响消费的程度也没有一致的共识，其可能的原因是以往实证研究文献对房价的衡量标准并不一致。在我国经济发展过程中，不同区域间的房价与劳动力的工资之间的差距逐渐扩大，单纯依靠工资的积累来购置住房的难度逐渐增加。负债融资购买住房成为许多人拥有住房的选择，一旦人们的债务增加到一定程度，房价上涨带来的挤出效应会大于财富效应，对消费产生不利的影响。因而，本章的实证研究采用房价工资比来反映一个城市的房价情况，系统分析研究城市房价水平对城市消费经济的效用。

第二节　数据来源、计量模型的设定及变量的定义

一、数据来源

本章使用《中国统计年鉴》《中国城市统计年鉴》《中国人口统计年鉴》《中国房地产统计年鉴》《中国劳动统计年鉴》、35 个大中城市历年统计公报、35 个大中城市所在省市的统计年鉴、中国经济社会发展统计数据库以及相关政府部门网站的数据，构建了 35 个大中城市 1998—2018 年的面板数据。本章选择以 1999 年的数据为研究样本起点，其原因是 1998 年我国进行住房制度改革，《国务院关于进一步深化城镇住房制度改革加快住房建设的通知》决定，从 1998 年下半年开始，全国城镇停止住房实物分配，实行住房分配货币化。在某种意义上来说，1998 年开始的住房制度改革意味着我国房地产市场逐渐形成。

二、计量模型的设定

本章借鉴周利、易行健（2020），汪伟、刘志刚、龚飞飞（2017）研究影响消费的计量模型，把财务预算约束、房价影响城市消费的计量

模型设定如下。

$$Y_{it} = \alpha + \beta_1 \text{Budget}_{it} + \beta_2 Houp_{it} + \beta_3 \text{Cpop}_{it} + \beta_4 W\,holr_{it} + \beta_5 \text{Loand}_{it} +$$

$$\beta_6 \text{Pube}_{it} + u_{it} \tag{2}$$

其中，Y_{it} 表示第 i 城市第 t 年的消费经济发展情况。Budget_{it} 表示第 i 城市第 t 年的财务预算约束水平。$Houp_{it}$ 表示第 i 城市第 t 年的房地产价格水平。Cpop_{it} 表示第 i 城市第 t 年的城市人口规模。$W\,holr_{it}$ 表示第 i 城市第 t 年的批发零售业就业人数比重。Loand_{it} 表示第 i 城市第 t 年的贷款余额与存款余额比重，来衡量城市的负债水平。Pube_{it} 表示第 i 城市第 t 年的公共预算支出占城市国内生产总值的比重，来衡量城市的公共预算支出水平。u_{it} 为随机扰动项。工资、房价、人口流动、产业转移、人力资本水平等之间会存在一定的关联。为了有效避免内生性带来的偏误问题，根据动态面板数据模型的特征，将模型（2）的 $Houp_{it}$ 设定为内生解释变量，以保证估计结果的无偏性和一致性。本章采用系统广义矩估计法（Sys – GMM），相关的回归结果通过了 AR（2）二阶序列自相关检验和 Sargan 过度识别检验。

三、变量定义

Y_{it} 表示第 i 城市第 t 年的消费经济发展情况，用社会消费品零售总额的对数值来表示。

Budget_{it} 表示第 i 城市第 t 年的财务预算约束，用城市国内生产总值的对数值来衡量。城市国内生产总值会衡量当地的经济实力。随着城市国内生产总值的增加，国民经济水平会增加，相应的城市财富、居民收入会增加。根据财富效应、绝对收入假说，城市财富、居民收入会影响消费。

$Houp_{it}$ 表示第 i 城市第 t 年的房地产价格水平，用城市房价与工资水平的比值来衡量。单独的城市房价并不能判断该城市房价的高低。如果城市房价与工资水平的比值高会增加人们的生活压力，抑制消费。

$Cpop_{it}$ 表示第 i 城市第 t 年的城市人口规模，以城市人口规模的对数值衡量。城市人口规模的扩大体现了人口集聚，可以增加对城市公共服务的需求，提高个性化需求。城市人口规模的扩大也会带动服务业的增长。规模经济、外部经济性以及信息传递等会影响城市消费。

$Wholr_{it}$ 表示第 i 城市第 t 年的批发零售业就业人数比重，用来衡量城市批发零售业的发展程度。

$Loand_{it}$ 表示第 i 城市第 t 年的贷款余额与存款余额比重，用来衡量城市的负债程度。负债可以对消费产生正、反两方面的影响。一方面，负债作为平滑跨期消费的重要手段，如果城市债务规模维持在适度范围内，则负债可以发挥"杠杆效应"，促进消费增加。另一方面，因为负债存在刚性兑付，过高的债务规模会导致当期的消费需求减少，即出现"挤出效应"。

$Pube_{it}$ 表示第 i 城市第 t 年的公共预算支出程度，以城市公共预算支出占城市国内生产总值的比重来衡量。地方政府购买性支出可以直接增加城市的社会总需求。政府转移性支出可直接增加居民的收入水平，有利于拉动居民消费特别是升级型消费；政府在教育、科技等方面的支出会增加公共产品、服务的供给，提高当地的生活状况，进而影响当地的消费。

第三节　财务预算约束、房价与
城市消费经济的实证研究结果

表4-1汇报了财务预算约束、房价等相关因素影响城市消费经济发展的实证回归结果。从表4-1中第二行的实证研究结果可知，全国水平、东部地区、中部地区、西部地区衡量城市财务预算约束的变量（Budget）的系数分别为0.2937、0.1640、0.0549、0.0205，并且在1%的统计水平上显著。这表明财务预算约束较为宽松、经济发展较好的城市会有较为发达的城市消费经济。因而，地方政府采取政策措施促进经济发展有助于促进城市消费经济的发展。

表4-1　财务预算约束、房价与城市消费经济发展的实证研究结果

变量	全国	东部	中部	西部
Budget	0.2937*** (0.0698)	0.1640*** (0.0396)	0.0549*** (0.0165)	0.0205*** (0.0024)
Houp	-0.0305*** (0.0059)	0.0259 (0.0218)	0.0690 (0.0809)	-0.3197*** (0.0586)
Cpop	0.0103 (0.0951)	0.1602*** (0.0406)	-0.0174 (0.0376)	-0.0103 (0.0951)
Wholr	0.0242 (0.0914)	0.0016 (0.0037)	-0.0307 (0.0384)	0.0100 (0.0098)

续表

变量	全国	东部	中部	西部
Loand	-0.1784 (0.3942)	-0.0338 (0.1458)	-0.2693 (0.5796)	-0.2980*** (0.0581)
Pube	0.7352* (0.4178)	0.8661*** (0.1779)	-0.0408 (0.1435)	-0.0808 (0.2308)
调整后的	0.413	0.361	0.412	0.316

注: * * * 、 * * 和 * 分别表示估计系数在1%、5%和10%的统计水平上显著。

从表4-2中第3行的回归结果中可知，全国水平、西部地区以城市房价与城市工资水平比值衡量的城市房价水平（Houp）的系数分别为-0.0305、-0.3197，并且都在1%的统计水平上显著。这意味着全国水平、西部地区以城市房价与工资水平衡量的城市房价水平的增加会降低城市消费经济的发展。过高的房价会挤占城市消费，削弱消费对经济的基础性作用。然而，东部地区、中部地区以城市房价与工资水平衡量的城市房价水平对当地城市消费经济发展并没有显著的影响。这可能的原因是东部地区、中部地区较高的工资水平会抵消房价上涨带来的对城市消费经济的不利影响。

从表4-1中第4行的回归结果中可知，东部地区以城市人口数量对数值衡量的城市人口规模的变量（Cpop）的系数为0.1602，并且在1%的统计水平上显著。这表明在东部地区，人口规模较大的城市的消费经济发展较快。

从表4-1中第6行的回归结果中可知，西部地区以贷款余额与存款余额比重衡量的城市负债程度的变量（Loand）的系数为-0.2980，并且在 1% 的统计水平上显著。这表明西部地区城市的负债水平的增加会显著地降低城市消费的发展，对于西部地区来说，适度降低负债会有助于提高城市消费。从表 4 - 1 中第 6 行的回归结果中可知，全国水平、东部地区、中部地区城市的负债水平对城市消费经济发展并没有显著的影响。这可能的原因是负债对消费的影响是双方面的，负债带来的流动性增加会促进消费，负债所带来的财务压力会挤占消费资金。

从表 4 - 1 中第 7 行的回归结果中可知，全国水平、东部地区以公共预算支出占城市国内生产总值的比重衡量的城市公共预算支出程度（Pube）的系数分别为 0.7352、0.8661，并且在 10%、1% 的统计水平上显著。一般来说，公共预算支出较大的城市会有较高的公共财政支出，这意味着全国水平、东部地区城市的公共财政支出对当地城市消费经济的发展有显著的促进作用。公共财政支出所带来的需求是社会总需求的重要组成部分，对于中部地区、西部地区的城市来说，为了促进当地的城市消费经济发展，可以适度地增加公共财政支出。

第四节　促进城市消费经济高质量创新发展的建议及措施

本章的研究样本由我国 1999—2018 年的 35 个大中城市相关数据组成。本章使用《中国统计年鉴》《中国城市统计年鉴》《中国人口统计年鉴》《中国房地产统计年鉴》、35 个大中城市历年统计公报、35 个大中城市所在省市的统计年鉴、中国经济社会发展统计数据库以及相关政府部门的数据，构建了我国 35 个大中城市 1998—2018 年的面板数据。

本章得出相关的实证研究结果。财务预算约束较为宽松、经济发展较好的城市会有较为发达的城市消费经济。全国水平、西部地区以城市房价与工资水平衡量的城市房价水平的增加会降低城市消费经济的发展。在东部地区，人口规模较大的城市的消费经济发展较快。西部地区城市负债水平的增加会显著地降低城市消费的发展。全国水平、东部地区城市的公共财政支出对当地城市消费经济的发展有显著的促进作用。本章根据相关理论机制、实证研究结果提出了促进城市消费经济发展的相关建议，相关理论机制、实证研究结果、建议也可以为相关政府部门制定促进城市消费经济发展的政策时提供参考。从需求引致创新的角度来看，城市消费经济的高质量发展有助于提高城市经济高质量创新发展。因而，本章的相关理论机制、实证研究结果、建议也可以为相关政府部门制定促进城市经济高质量创新发展的政策时提供参考。

第一，提高人均可支持收入，降低城市居民收入差距，将收入分配制度的完善与房地产市场长效调控机制建设结合起来，合理控制房价，合理释放低收入群体的潜在消费需求，促进城市消费结构的合理化。房价变动会影响不同家庭的流动性。一旦收入增长速度低于房价上涨速度，人们购房能力就会下降，因此，要逐渐提高居民收入可支配能力，降低过高的房价收入比，释放更大的消费潜力，降低房价不断上涨带来的负面影响。城市居民间收入差距过大，并不利于城市消费结构的合理化。从长期来看，收入差距的扩大不利于消费，也不利于改善民生，不利城市经济高质量创新发展。要深化收入分配改革，降低收入差距，如调节过高收入、扩大中等收入群体、增加低收入者的收入，以促进当地消费增长。在不同收入家庭之间，我国城市房价对消费的影响差异较大。提高低收入群体的收入水平，合理控制房价，可以平衡不同收入群体间的消费差异，促进城市消费结构的合理增长。同时，加快"创新型消费""信息型消费""服务消费"的发展和培育，以满足不同收入水平消费者的多样化消费需求。完善保护消费者权益的相关法律、法规，规范网络消费、共享经济等居民消费模式的变化，保护消费者合法权益，促进城市消费增长。

第二，要实施差异化的房地产调控政策，完善多层次的住房供给体系，抑制房价过度上涨。实施差异化的房地产调控政策，防止房地产价格增长过快，出现房地产泡沫。对于房地产价格过高、房价增长过快的城市，房地产调控政策不可放松，把房价控制在城市普通家庭能够承受的范围之内。房地产价格过高会严重抑制或挤出消费，不利于城市消费结构的合理化，会对城市经济高质量创新发展产生负面影响。实施因"人"施策，根据不同群体的住房需求，采取有差别化的住宅商品房调控政策，采取有针对性的差别化的限贷、限购、首付比例、贷款利率等。对于低收入群体的首套房购买者，可以适当降低住房贷款利率，降低购房贷款成本，避免"一刀切"政策，产生打压房地产刚需的负面效应。限制房地产的投机行为，避免房地产市场的非理性繁荣。过高的房价会对无住房居民的消费产生挤出效应，还会使有住房的居民缩减消费，把资金用于投机炒房，并没有享受房地产带来的财富效应。因而，当房价快速上涨时，居民存款、贷款大量资金进入楼市，对消费产生挤出效应。此外，过高的房价会把财富从消费型购房刚需者转移到投资性购房者手中，对于变现拥有财富者可能会因财富效应促进消费增长。但是，承接高房价的购买者则会因财富下降抑制消费。承接高房价的购买者往往是中低收入阶层，中低收入阶层消费一般占到一个国家消费的大多数，削减中低收入阶层消费不利于提高当地的需求，难以促进消费增长，最终并没有促进社会消费总额的增加。

由于房地产行业的上下游产业链较多，应完善住房保障体系建设，抑制投机性需求引起的房价上涨，防止房价的大幅波动影响民生、经济波动，助力消费结构升级。低收入者往往生活在社会的底层，其生存条件较差，消费水平非常有限。过高的房价会对低收入者的日常消费产生很大的挤出效应。采取房地产调控政策，完善和发展住房保障政策。加强房地产市场宏观调控，坚持"房住不炒"，针对不同城市要做到因城施策，要充分发挥市场在资源配置中的作用。通过构建公租房、经济适用房、共有产权房等多渠道多形式的住房体系来完善多层次的住房供给体系，重视中低收入群体的住房问题，加大保障性住房供应，逐步满足低收入群体的住房需求，抑制房价过快增加，这将有助于降低社会购房的支出，从而有利于增加其他消费支出，助力消费结构升级。因此，政府不断完善和发展房地产调控政策，完善多层次的住房供给体系，不仅实现住有所居，可以保障民生，还可以抑制房价过度上涨，有助于扩大内需、促进城市消费合理化、促进城市经济高质量创新发展。

第三，构建合理的社会保障体系，适度增加福利水平，不断提高居民收入水平，促进消费需求增加。社会保障体系不够健全，导致未来不确定性增加，使人们不能消费、不敢消费。提高义务教育、养老和医疗保障水平等，特别是对于中低收入群体，完善最低工资保障制度和工资增长激励制度，增加人们抵御不确定性的能力。完善的社会保障体系有可能降低人们的储蓄水平，提高当期的消费能力。通过财政补助提高中低收入群体的收入水平，可以减少收入差距，不断提高当地整体的平均收入水平，有利于促进当地消费结构的合理化。人们收入水平提高会弥补房价过高带来的负面冲击，提高人们的消费能力。

第四，加强市场监管，建立抑制房地产投机的长效机制。房地产市场层出不穷的投机违规行为会助推房价过快上涨，如捂盘惜售、囤积房源、大量买房等。房地产市场大量的投机行为会破坏区域住房的供需平衡，造成房价上涨。面对房价的不断上涨，甚至一般的自有住房家庭都会有"为再次购房而储蓄"的动机，大量的储蓄、大量的资金进入房地产领域，从而会降低消费的能力。因此，监管部门应该出台相应措施，防止大量的投机行为，防止房价不断上涨，以维护房地产市场平稳健康发展。例如，防止开发商故意制造房源紧缺的假象、防止地产中介商囤积房源制造房价持续上涨的预期、防止职业炒房者利用资金优势大量买房、防止产业资本控制租赁市场。一旦城市的房价收入比明显高于合理区间，就会存在一定泡沫。过高的房价、增速过快的房价都对当地的消费是不利的。目前，按照房住不炒的精神，许多城市频频推出房地产调控政策。在抑制房价上涨的政策期间，城市房价会在一定程度上得以抑制。调控住房需求的政策往往只是暂时性抑制住房需求。但是一旦政策松动，抑制的住房需求便会出现爆发式的井喷，房价就有可能继续上涨。因此，需要建立抑制房价的相互配套的长效机制。推进住房供给侧结构性改革，构建多层次的住房保障体系，合理引导居民消费观念；采取更加规范、稳健的金融政策，尽量控制金融资源不合理地投向房地产等过热行业；金融政策应适度向实体经济企业倾斜。实体经济的发展是经济增长的动力基础，是经济发展的活力保障。实体经济的发展有助于提高收入，实现消费多样化，改善消费结构，促进消费结构升级。我国经济由高速增长阶段进入高质量发展阶段，消费结构升级有助于促进经济高质量发展。

第五章

研究结论及政策建议与措施

本书使用《中国统计年鉴》《中国城市统计年鉴》《中国人口统计年鉴》《中国劳动统计年鉴》《中国科技统计年鉴》《中国房地产统计年鉴》、35 个大中城市历年统计公报、35 个大中城市所在省市的统计年鉴、中国经济社会发展统计数据库、中国知识产权局专利检索数据库以及相关政府部门网站的数据，以我国 35 个大中城市 1999—2018 年的相关数据为研究样本，并构成面板数据。

本书的研究结果表明从全国水平、东部东区、西部地区来看，放松创新投入的财务预算约束，城市投入创新研发的资金会增加，有利于促进城市的创新产出。在我国西部地区，放松创新投入的财务预算约束，创新研发资金的投入的增加对城市创新产出的促进效应最明显。本书以城市房价与城市工资的比值来衡量城市房价水平。城市房价水平不断上涨会吸引过多的资金流入，对城市创新是不利的。本书的研究结论表明我国东部地区、中部地区房价水平上涨会显著地降低城市的创新产出，产业发展状况会影响到当地的经济发展产业结构的合理化、高级对创新产出有促进作用。随着经济的发展以及产业结构的合理化、高级化，我国第三产业会不断发展。本书的研究结论表明：从全国水平、东部地区来看，第三产业的发展有助于提高城市的创新产出水平；市场化加剧竞争，促进企业创新；城市市场化的提高会显著地促进城市创新产出。

本书的研究结果表明从全国水平来看，放松创新投入的财务预算约束、增加创新投入会显著地提高创新质量。从全国水平上、西部地区来看，房价与工资比值衡量的城市房价水平的增加会显著地降低城市创新质量，城市房价水平的提高不利于增加城市创新质量。高质量的创新是企业在激烈的市场竞争中获取超额利润的保障，市场化会促进企业开展创新。本书的研究结论表明从全国水平、中部地区、西部地区来看，城市的市场化对于提高创新质量是有帮助的。

提高创新效率有利于提高创新资金的使用质量。财务预算约束的放松、投入的创新资金的增加未必会提高创新的效率，甚至会导致创新资金的浪费。本书的研究结果表明全国水平、东部地区、中部地区、西部地区的城市财务预算约束放松、创新资金的增加会降低城市创新效率。第三产业尤其是现代服务业、高新技术行业对创新效率的提高是有帮助的。本书的研究结论表明从全国水平、东部地区来看，第三产业比重较大的城市会有较高的创新效率；市场化带来竞争，效率是竞争中取胜的重要原因。本书的研究结果表明从全国水平、东部地区、中部地区来看，城市市场化的提高会显著地促进城市创新效率的提升。

本书的研究结论还表明：较为宽松的财务预算约束、较好的经济发展情况会显著地促进城市消费经济发展，房价上涨远大于工资水平对消费会产生挤占效应；全国水平、西部地区以城市房价与工资水平衡量的城市房价水平的增加不利于城市消费经济的发展，随着人均收入的不断增加，城市人口规模的扩大会对消费产生促进作用；在我国的东部地区，人口规模较大的城市消费经济发展较快，负债对消费的影响具有正反两面的影响，然而对于经济发展较差的城市，负债所带来的还本付息的财务压力会抑制消费；西部地区城市的负债水平的提高会显著不利于城市消费的发展，一般来说，公共预算支出较大，公共财政支出也相应较大，公共财政支出会形成当地的公共需求；全国水平、东部地区城市的公共财政支出对当地城市消费经济的发展有显著的促进作用。本书根据相关理论机制、实证研究结果提出了促进城市经济高质量创新发展的相关建议。

财务预算约束、房价等相关因素会影响创新。构建房地产市场平稳健康发展的长效机制，遏制住房价格过快上涨趋势对于调整经济结构、促进城市经济高质量创新发展意义重大。然而近年来，政府虽然密集出台了多种措施以遏制房价过快上涨趋势，但是房价快速上涨的势头并未得到全面遏制。本书阐述的理论机制和研究结论有助于相关部门制定更有针对性的创新政策、房地产调控政策、人才政策、产业政策、金融政策等政策措施，促进城市经济高质量创新发展。

第一，政府应将创新放在更为重要的位置，加大对创新活动的扶持力度，加强知识产权保护，提高创新主体的经济效应，促进创新水平的提高。要始终坚持质量第一、效益优先的原则，通过创新来提高经济发展质量。

政府应进一步加大对创新的政策扶持，相关部门应制定相应的技术政策、财政与税收政策、金融政策等多种政策共同促进创新，推动科技创新的发展与进步。根据当地经济社会发展需要，加大研发经费投入和研发人员投入。协调好企业、社会资本、各级政府的统筹性工作，建立多元化的灵活的经费投入体系。研发经费投入可以显著激发创新活动的开展，要充分发挥政府在研发经费投入中的引导作用，激励社会资本加大研发投入。通过财政补贴、税收优惠加大对创新活动的支持力度，鼓励创新主体进行重大技术项目的研发，缓解创新主体的资金压力，降低创新成本，增加抵御创新风险的能力。政府应通过宣传教育增加人们的创新意识，提高人们的创新积极性，营造全民参与的创新氛围。

加强知识产权保护意识，确保知识产权得到应有的保护，营造有利于技术创新的制度环境和社会氛围。加强知识产权保护有利于建立良好的创新激励机制。知识产权保护可以保障创新主体的创新成果获得应有的经济利益，激发创新主体的创新动力，吸引更多资金流向创新领域，减少社会资源流向生产效率低的房地产行业。这有利于促进资本、劳动力资源的有效配置，促进城市经济高质量创新发展。

提高创新的成果市场化转化率，防止大量的科研成果因无法产生效益而被浪费，激发企业进行创新研发的意愿，提高创新质量和效率。一般来说，创新成果的应用可以提高企业的生产效率，降低企业的个别劳动时间与要素成本，使企业在市场竞争中处于优势地位，有机会获得超额利润。利润是企业进行创新的原始动力，企业通过技术创新研发所带来的利润可以为以后的创新发展提供重要的资金支持。

通过创新可以提高生产效率，提高工资水平来弥补房价上涨带来的成本增加。房价上涨会导致其他生产要素价格的上涨。资本、劳动力要素投入是企业生产和产业发展的重要资源。生产要素价格上涨会降低实体经济利润，使资金流入房地产领域。房地产价格过快上涨会吸引过多的资金流入，对实体经济造成挤占效应，对宏观经济产生不利影响。因此，应通过不断创新，提升水平，提升实体经济的投资回报率，吸引资金进入实体经济，防止投资性资金通过各种渠道流入房地产领域。企业通过创新，升级技术，提高生产效率。随着生产效率提高，劳动力可以获得工资溢价，进而弥补房价带来的生活成本的增加。

第二，完善城市基础设施建设，增加住房的供给弹性，促进房地产市场平稳健康发展。土地供给弹性是住房供给弹性的关键。不断完善城市基础设施建设，构建快速、便捷的交通体系，降低通勤成本，这有助于扩大城市半径，不断扩大城市空间，为增加城市的土地供给创造条件。土地供给弹性的提高为增加住房供给弹性创造了条件，住房供给弹性的提高可以从源头上抑制房价上升，住房土地供给弹性的提高是抑制房价快速上涨的最基本的措施。以市场供求为基本出发点，适度增加土地供给弹性。人口城镇化与城市土地供给的有限性是城市房价上涨的原因之一，从农村向城市、从中小城市向大城市集聚是劳动力的流动趋势。大城市是人口主要流入地，但土地供给受制于城市空间范围，无法相应增加，这会助推城市房价不断上涨，不利于改善资源配置效率，不利于城市高质量创新发展。利用完善的城市基础设施，扩展城市边界，根据人口流动方向给予土地指标支持，适度增加城市土地供给，这有助于稳定城市房价，降低城市生活成本，促进城市经济高质量创新发展。

第三，均衡地提供区域间公共服务品，防止过多的劳动力集聚在少数核心城市。医疗、教育、便捷的交通基础设施等公共服务是吸引劳动力流动的重要因素。促进公共服务在区域间的均衡分布是促进劳动力合理分布的重要因素，有助于降低核心城市的住房需求，降低房地产价格。

第四，执行稳健的货币政策，防止货币政策过于宽松。宽松的货币政策会使货币大量投放于市场中，不断上涨的房价会吸引社会上的大量资金，货币的过量投放、热钱流入等因素也不断助推房价上涨。实行稳健的货币政策可以防止货币大量进入房地产领域。由于金融机构、企业资本和社会资本倾向于投资房地产业以获取高额回报，导致流入创新行业的资金受到挤压。针对这种情况，制定有差别化的利率政策，减低创新企业的融资成本，提高房地产行业的贷款利率，有利于降低房地产行业的投资回报率，进而防止房地产行业吸引大量的社会资金。适度降低创新行业的贷款利率，有助于降低创新行业的融资成本，提高创新行业的投资回报率。

第五，努力构建有利于创新的金融环境，为创新主体提供良好的金融环境和外部市场环境。金融体制不完善导致创新主体缺乏有效的融资工具，创新预算会受到制约。城市房地产价格会影响创新主体的财务预算约束。房价不断上升会通过资本"错配效应"，降低非房地产行业的创新资金投入。在房价高企的背景下，房地产及相关行业利润率上升，为追求高额报酬率，企业会将本来用于持续创新研发的投资转向房地产领域。此外，房价上涨还可通过挤占信贷资金来抑制创新。在追逐资金较高回报率的驱使下，当房价快速上涨使房地产行业报酬率高于制造业的投资收益时，金融机构往往会倾向于将资本配给房地产企业，从而会加重非房地产行业的融资约束，导致实体经济企业尤其是科技创新型企业"信贷资金"缩水。房地产行业会吸引更多资金，导致创新能力较强的其他行业的创新研发资金减少。房价上涨扩大了有地企业和无地企业之间的财务约束差距，造成金融信贷资金的进一步配置不当，降低整体的投资效率。严格控制过多的社会资本进入房地产领域，会降低房地产行业的贷款比例，避免过多的资金流入房地产行业。通过建立多样化的融资渠道，减缓实体经济的财务预算约束。金融机构应调整资金的优化配置，鼓励金融机构优先把资金提供给研发创新领域，改善创新主体的融资环境，可以放松创新主体的财务预算约束，从而有利于促进创新活动的开展。

第六，优化城市官员的政绩考核体系，努力发展实体经济，提高财政收入，降低地方政府对土地财政的依赖，防范政府主导下的资源配置扭曲的风险。在财政分权、地方政府官员有限任期的体制背景下，地方政府难以改变现有的土地供给模式。当前财政分权体制会在一定程度上使地方政府依赖土地财政获取收入，地方政府对土地财政的依赖会在一定程度上促进住房价格上涨。要深化改革地方政府财税制度，摆脱"土地财政"的收益模式，降低城市经济发展对房地产业的过度依赖。

虽然地方政府可以放松限购、税费减免等刺激房价，房价上涨可能在短期内刺激房地产及其相关行业的发展，拉动当地经济增长。但是，依赖高房价来拉动经济长期增长是不现实的。"租税替代"原理意味着在土地资源给定的前提下，高房价所产生的"租"，会相应地牺牲来自其他行业的"税"，形成"租税替代"机制。从长期来看，"租税替代"关系的存在使高地价对经济高质量创新发展并不会有较大促进作用。虽然住房价格上涨会提高土地租金，但是房价上涨会提高土地、人力资本等生产要素的成本，降低企业利润。企业利润下降会导致地方政府税收收入下降，形成土地租金和企业税收之间的"租税替代"机制。考虑到"租"和"税"在长期内是等价的（黄少安，陈斌开，刘姿彤，2012），因而从长期来看，高房价并不会增加地方政府总的财政收入。

而且从短期来看，房价上涨会使房地产行业的税收增加，但是，高房价带来的生产要素上涨降低了其他行业的利润，相应的其他行业的税收收入也会降低。

"租税替代"的存在意味着通过推高房价来促进城市经济高质量发展的方式是行不通的。

地方政府对土地财政的过度依赖，会推高房地产价格，导致大量资源配置在创新水平低的房地产行业，这不利于城市经济高质量创新发展。然而，房价过快上涨在长期内会抑制经济高质量创新发展并不意味着房价大幅下降有益于经济增长。房地产价格大幅下跌会导致企业、政府和家庭的资产大幅缩水，这会对企业投资、政府购买和居民消费形成巨大的负面影响，银行住房贷款会出现大面积的坏账，不利于银行健康稳定发展，会诱发金融风险。

因而，要优化城市官员的政绩考核体系，增加土地的供给满足住房需求。努力发展实体经济，依靠创新来发展经济，不通过刺激房地产行业来发展经济，建立重质量、重效率的经济发展模式。依靠发展实体经济来充实地方政府财政收入，依靠制度约束其短期行为，减轻地方财政对土地财政的依赖，从而有效提高土地供给、降低住房价格，遏制住房价格过快上涨趋势。这对于优化经济结构、促进城市经济高质量创新发展有着重大的意义。

第七，促进产业结构优化升级，为城市经济高质量创新发展奠定产业结构基础。随着经济不断增长，房价合理增加是一种趋势。依靠产业结构优化升级，实现依靠高附加值的产业促进城市经济高质量创新发展，提升人均收入，放松财务预算约束，从而弥补房价增长带来的不利影响。城市经济高质量创新发展离不开产业升级。产业升级是指经济从过去生产劳动密集型、低附加值的产品和服务，转变为生产资本密集型、高附加值的产品和服务的过程。产业升级离不开创新。形成大、中、小型企业的有效分工、合作、竞争的产业组织结构，促进三次产业之间的有效互动。通过创新提高技术水平，促进产业结构的合理化、高级化。在追求产业高级化发展时不忽略产业合理化布局，兼顾产业结构合理化、高级化的共同发展。

推动我国经济由高速增长阶段转向高质量发展阶段，应更加重视实体经济尤其是制造业的高质量发展。制造业既是技术创新的"主战场"，也是供给侧结构性改革的核心产业领域，没有技术含量高的制造业，高质量的经济发展就没有办法实现。要提高制造业的技术含量，推动互联网、大数据、人工智能和制造业深度融合，增强我国制造业的技术优势和核心竞争力。

在建立技术含量高的制造业的基础上，加快发展生产性服务业和生活性服务业，提高服务业在三次产业中的比重，提高现代服务业在整个服务业中的比重，提高生产性服务业在现代服务业中的比重。推动本土产业技术升级，努力发挥本土产业发展优势，提升当地产业的自主创新能力。在税收、财政补贴上要大力支持当地高新技术产业，可以通过加大产业扶持政策力度，吸引外来高技术产业进入，促进当地创新发展，提升当地的核心竞争力。要坚持"市场主导，政府引导"，加大高新技术产业扶持政策、新兴产业集聚的扶持力度。

创新水平的提升可以为产业优化升级奠定基础。重点推动新一代信息技术、节能环保、新能源等高新技术来推动产业优化升级发展，提高城市生产效率，提升工资水平，以应对房价上涨给创新型劳动力带来的不利因素，实现城市经济高质量创新发展。

第八，完善现有创新人才引进和培养的保障制度，积极培育、引进高素质创新型人才，提升当地的人力资本水平，为城市经济高质量创新发展奠定人才基础。城市的过高房价会使创新型人才和劳动力流失，而创新型人才是城市经济高质量创新发展的第一大资源，因此培养人才、留住人才是城市经济高质量创新发展的首要任务。地方要重视人才培养，制订人才培养计划，完善创新人才培养体系，加大人才培养力度；增加教育经费，培养高素质优秀人才；积极吸引、留住高端技术人才；制订高素质创新人才的引进计划，提高科研人员的薪资待遇，通过购房补贴、人才补贴等方式，消除人才的后顾之忧，保证创新人才的基本生活需求，提升创新人才对城市的认同感，降低房价对高技术、创新型人才的挤出效应；壮大科技创新主体，组建区域稳定的、有竞争力的科研团队，使他们能全心全意投入工作中，推动城市经济高质量创新发展。

参考文献

安体富，王海勇．重构我国房地产税制的基本思路［J］．税务研究，2004（9）：9-12.

安同良，方艳，卢多维克·阿尔科塔．中国制造业企业技术创新的障碍与对策：基于江苏省制造业企业问卷调查的实证分析［J］．经济理论与经济管理，2005（7）：41-46.

陈帅，张艳．产业结构变动和财政支出分权对地区自主创新能力的影响：基于30个省级面板分析［J］．农场经济管理，2020（2）：28-32.

陈多长．房地产税收论［M］．北京：中国市场出版社，2005：50-53.

陈家闯，贾文艺．中国房地产市场泡沫的传染性探讨［J］．商业经济研究，2018（16）：189-192.

陈琛，朱舜楠．房价上涨、企业创新投入及政府补贴的调节作用［J］．商业研究，2017（12）：66-72.

陈享光，黄泽清．我国房地产价格变动的金融化逻辑［J］．经济纵横，2017（12）：35-43，2.

程名望, 史清华, 徐剑侠. 中国农村劳动力转移动因与障碍的一种解释 [J]. 经济研究, 2006 (4): 68 - 78.

程宏伟, 张永海, 常勇. 公司 R&D 投入与业绩相关性的实证研究 [J]. 科学管理研究, 2006 (3): 110 - 113.

陈海声. 研发投资特征及企业扩大融资来源的路径研究 [J]. 现代财经 (天津财经大学学报), 2006 (1): 32 - 37.

陈海声, 温嘉怡. 我国制造企业 R&D 投资与房地产投资的实证研究 [J]. 科技管理研究, 2012, 32 (5): 124 - 127, 131.

陈晓, 张文杰, 相对房价差异与地区产业结构: 基于我国省际面板数据的实证分析 [J], 商业研究, 2017 (11): 133 - 140.

陈斌开, 金箫, 欧阳涤非. 住房价格、资源错配与中国工业企业生产率 [J]. 世界经济, 2015 (4): 77 - 98.

陈斌开, 杨汝岱. 土地供给、住房价格与中国城镇居民储蓄 [J]. 经济研究, 2013 (1): 110 - 122.

陈斌开. 房价过快上涨无益于推动经济增长 [N], 经济参考报, 2018 - 08 - 22 (7).

陈战光, 李广威, 梁田, 等. 研发投入、知识产权保护与企业创新质量 [J]. 科技进步与对策, 2019 (1): 1 - 11.

曹勇, 曹轩祯, 罗楚珺, 等. 我国四大直辖城市创新能力及其影响因素的比较研究 [J]. 中国软科学, 2013 (6): 162 - 170.

蔡卫星, 倪骁然, 赵盼, 等. 企业集团对创新产出的影响: 来自制造业上市公司的经验证据 [J]. 中国工业经济, 2019 (1): 137 - 155.

崔莹莹，陈可石，高庆浩．房价上涨的创新抑制效应及其传导机制 [J]．城市问题，2018（10）：4-11.

董媛媛，梁艳艳．知识转移对 R&D 联盟企业创新能力作用路径研究 [J]．工业技术经济，2016，35（2）：75-80.

丁攀，胡宗义．股价与房价波动对居民消费影响的动态研究 [J]．统计与决策，2008（15）：106-108.

杜雪君，吴次芳，黄忠华．台湾土地税制及其对大陆的借鉴 [J]．台湾研究，2008（5）：42-47.

杜雪君，房地产税对房价的影响机理与实证分析 [D]．杭州：浙江大学，2009：72.

杜莉，沈建光，潘春阳．房价上升对城镇居民平均消费倾向的影响：基于上海市入户调查数据的实证研究 [J]．金融研究，2013（3）：44-57.

邓健，张玉新．房价波动对居民消费的影响机制 [J]．管理世界，2011（4）：171-172.

付宏，毛蕴诗，宋来胜．创新对产业结构高级化影响的实证研究：基于 2000—2011 年的省际面板数据 [J]．中国工业经济，2013（9）：56-68.

傅樵，冉莹．政治关联、融资能力与创新绩效：基于中小高新技术企业的实证分析 [J]．会计之友，2018（12）：21-25.

范超．企业融资渠道对研发投入的影响机制研究：来自 A 股上市公司的微观证据 [J]．中国物价，2019（3）：82-84.

谷卿德，石薇，王洪卫．产业结构对房地产价格影响的实证研究

[J]．商业研究，2015（2）：44-52．

官华平，谌新民．珠三角产业升级与人力资本相互影响机制分析：基于东莞的微观证据[J]．华南师范大学学报（社会科学版），2011（5）：95-102，160．

高翔．城市规模、人力资本与中国城市创新能力[J]．社会科学，2015（3）：49-58．

高波，陈健，邹琳华．区域房价差异、劳动力流动与产业升级[J]．经济研究，2012（1）：66-79．

范剑勇，莫家伟，张吉鹏．居住模式与中国城镇化：基于土地供给视角的经验研究[J]．中国社会科学，2015（4）：44-63．

范剑勇，邵挺．房价水平、差异化产品区位分布与城市体系[J]．经济研究，2011（2）：87-99．

黄静，屠梅曾．房地产财富与消费：来自于家庭微观调查数据的证据[J]．管理世界，2009（7）：35-45．

黄詹媛．房价上涨与消费结构升级：基于消费和区域双重异质性视角[J]．商业经济研究，2020（14）：70-73．

胡洪曙．财产税、地方公共支出与房产价值的关联分析[J]．当代财经，2007（6）：23-27．

华岳，唐雅琳，成程．风险投资如何影响城市创新：基于政府引导基金的工具变量分析[J]．产业经济评论，2019（1）：74-90．

黄茹，梁绮君，吕拉昌．城市人口结构与创新能力的关系：基于中国城市的实证分析[J]．城市发展研究，2014，21（9）：84-91．

黄少安，陈斌开，刘姿彤．租税替代、财政收入与政府的房地产政策［J］．经济研究，2012（8）：93－106.

韩旺红，马瑞超．FDI、融资约束与企业创新［J］．中南财经政法大学学报，2013（2）：104－110.

鞠晓生，卢荻，虞义华．融资约束、营运资本管理与企业创新可持续性［J］．经济研究，2013，48（1）：4－16.

焦斌龙，孙晓芳．劳动力异质性及其流动：兼论我国劳动力从自发流动向自主流动转变［J］．当代经济研究，2013（9）：61－66.

金碚．中国工业的转型升级［J］．中国工业经济，2011（7）：5－14.

况伟大．中国住房市场存在泡沫吗［J］．世界经济，2008（12）：3－13.

况伟大．房地产税、市场结构与房价［J］．经济理论与经济管理，2012（1）：10－19.

孔东民，徐东钰，张健．地区房价与企业创新：人力资本流失还是企业投机［J］．金融学季刊，2018，12（4）：69－93.

吕江林．我国城市住房市场泡沫水平的度量［J］．经济研究，2010，45（6）：28－41.

李香菊，贺娜．税收激励有利于企业技术创新吗？［J］．经济科学，2019（1）：18－30.

梁艳艳，杨巧，陈诚．收入分配、房价与居民消费［J］．宏观经济研究，2018（12）：79－92.

刘刚．影响企业创新的内外部因素研究［J］．上海管理科学，2019，41（1）：92 - 98.

刘旦，姚玲珍．中国城镇住宅财富效应的微观检验［J］．北京科技大学学报（社会科学版），2008，24（1）：33 - 39.

刘瑞．市场化进程、政府补贴与企业创新绩效［J］．财会通讯，2019（30）：49 - 53.

梁毕明，齐聪俐．高管激励还是市场竞争促进了研发投入［J］．税务与经济，2019（2）：56 - 63.

卢馨，郑阳飞，李建明．融资约束对企业 R&D 投资的影响研究：来自中国高新技术上市公司的经验证据［J］．会计研究，2013（5）：51 - 58，96.

梁云芳，张同斌，高玲玲．房地产资本税对房地产业及国民经济影响的实证研究［J］．统计研究，2013（5）：37 - 46.

梁美健，马亚琨．我国房产税影响房价及收入分配的实证分析[J]．会计之友，2020（9）：119 124.

李政，杨思莹．财政分权体制下的城市创新水平提升：基于时空异质性的分析［J］．产业经济研究，2018（6）：50 - 61.

陆铭，欧海军，陈斌开．理性还是泡沫：对城市化、移民和房价的经验研究［J］．世界经济，2014（1）：30 - 54.

林嵩．房地产行业对于创业活动的挤出效应：基于中国跨地区面板数据的分析．经济管理，2012（6）：21 - 29.

刘志伟．城市房价、劳动力流动与第三产业发展：基于全国性面板

数据的实证分析 [J] . 经济问题, 2013 (8): 44 - 47.

吕江林 . 我国城市住房市场泡沫水平的度量 [J] . 经济研究, 2010 (6): 28 - 41.

梁琦, 李建成, 陈建隆 . 异质性劳动力区位选择研究进展 [J] . 经济学动态, 2018 (4): 122 - 137.

梁云芳, 高铁梅, 贺书平 . 房地产市场与国民经济协调发展的实证分析 [J] . 2006 (3): 74 - 84.

梁文泉, 陆铭 . 后工业化时代的城市: 城市规模影响服务业人力资本外部性的微观证据 [J] . 经济研究, 2016 (12): 90 - 103.

罗知, 张川川 . 信贷扩张、房地产投资与制造业部门的资源配置效率 [J] . 金融研究, 2015, 2 (7): 60 - 75.

卢峰, 姚洋 . 金融压抑下的法治、金融发展和经济增长 [J] . 中国社会科学, 2004 (1): 42 - 55.

骆祚炎 . 中国居民金融资产与住房资产财富效应的比较检验 [J] . 中国软科学, 2008 (4): 40 - 47.

李永乐, 吴群 . 我国房价与房地产投资的相关性研究: 基于 2004—2012 年 35 个大中型城市的数据分析 [J] . 价格理论与实践, 2013 (11): 70 - 71.

李永乐, 许阳, 吴然 . 房价对城市创新水平的影响研究 [J] . 金融与经济, 2020 (6): 61 - 68.

刘行, 建蕾, 梁娟 . 房价波动、抵押资产价值与企业风险承担[J] . 金融研究, 2016 (3): 107 - 123.

林灵，曾海舰. 房地产价格波动的微观传导效应研究：基于融资约束的视角 [J]. 管理科学学报，2017，20（7）：68－85.

刘愿，连玉君，郑姣姣. 房价上涨与企业技术创新：来自中国上市公司和债券企业的经验证据 [J]. 学术研究，2017（6）：92－100.

厉伟，洪涛，李彩云. 房价上涨对中国城市创新产生抑制效应了吗？——基于中国35个大中城市面板数据的实证分析 [J]. 商业研究，2017（11）：61－66.

梁湖清，朱传耿，马荣华. 知识经济影响下城市创新问题的若干理论思考 [J]. 经济地理，2002（3）：281－284.

刘建江，刘晓韬，李喜梅，等. 高房价抑制制造业发展的机制及对策研究 [J]. 长沙理工大学学报（社会科学版），2019，34（1）：99－106.

刘建江，石大千. 高房价对企业创新的影响：是挤出还是挤入？——基于双边随机前沿模型的测算 [J]. 中国软科学，2019（9）：150－165.

毛丰付，王建生，毛璐琪. 房价水平对区域工业结构调整的影响：促进还是抑制——全国36个大中城市样本的实证检验 [J]. 现代财经（天津财经大学学报），2016（6），89－102，113.

潘安兴，王芳，张文秀. 经济发展对四川房价的影响分析 [J]. 中国物价，2007（2）：66－68.

潘士远，蒋海威. 融资约束对企业创新的促进效应研究 [J]. 社会科学战线，2020（5）：242－248.

庞晓波，邢戬. 高房价如何加剧经济结构失衡探析 [J]. 现代财经，2012（12）：66-75.

齐讴歌，周新生，王满仓．房价水平、交通成本与产业区位分布关系再考量［J］．当代经济科学，2012，34（1）：100-128.

任宏，温招，林光明．"城市价值决定房价"论证分析及宏观调控建议［J］．建筑经济，2007（8）：22-26.

孙慧，王慧．政府补贴、研发投入与企业创新绩效：基于创业板高新技术企业的实证研究［J］．科技管理研究，2017（12）：111-116.

彭俊华，许桂华，周爱民．房价波动对实体经济的影响：带动效应还是挤出效应？——基于省际面板数据的实证分析［J］．投资研究，2017，36（8）：39-51.

邵挺，范剑勇，房价水平与制造业的区位分布：基于长三角的实证研究［J］，中国工业经济，2010（10）：24-33.

邵传林．住房价格是否阻碍了地区创新：基于中国285个地级市的空间计量研究［J］．现代财经（天津财经大学学报），2018，38（8）：81-95.

杨绍媛，徐晓波．我国房地产税对房价的影响及改革探索［J］．经济体制改革，2007（2）：136-139.

施建刚，朱华．影响房价的相关性因素实证分析［J］．上海房地，2004，23（7）：35-39.

时筠仑，雷星晖，苏涛永．房价波动与影响因素分析［J］．价格理论与实践，2005，26（4）：21-22.

孙少芹，崔军．个人住房房产税经济效应：理论探讨与DID实证检验——基于地方经济主体的视角 [J].中央财经大学学报，2018（9）：12-21.

孙文杰，沈坤荣.人力资本积累与中国制造业技术创新效率的差异性 [J]，中国工业经济，2009（3）：81-91.

宋文娟，李奕.税负水平、税制结构与企业研发投资 [J].会计之友，2019（19）：128-133.

孙红兵，向刚.城市创新系统的创新综合能力评价 [J].经济问题探索，2011（3）：97-103.

唐宜红，俞峰，李兵.外商直接投资对中国企业创新的影响：基于中国工业企业数据与企业专利数据的实证检验 [J].武汉大学学报（哲学社会科学版），2019，72（1）：104-120.

佟家栋，刘竹青.房价上涨、建筑业扩张与中国制造业的用工问题 [J].经济研究，2018（7）：59-74.

谭正勋.我国住宅业泡沫及其影响居民消费的理论与实证研究 [J].经济学家，2010（3）：58-66.

汪伟，刘志刚，龚飞飞.高房价对消费结构升级的影响：基于35个大中城市的实证研究 [J].学术研究，2017（8）：87-94.

王素莲，赵弈超.R&D 投资、企业家冒险倾向与企业创新绩效：基于不同产权性质上市公司的实证研究 [J].经济与管理，2018，32（6）：45-50.

王如玉，梁琦，李广乾.虚拟集聚：新一代信息技术与实体经济深度融合的空间组织新形态 [J].管理世界，2018（2）：13-21.

吴海民. 资产价格波动、通货膨胀与产业空心化：基于我国沿海地区民营工业面板数据的实证研究 ［J］. 中国工业经济，2012（1）：46－56.

王明坤. 中国房地产税制的现状及改革探索 ［J］. 中国房地产金融，2003（10）：29－33.

王敏，黄滢. 限购和房产税对房价的影响：基于长期动态均衡的分析 ［J］. 世界经济，2013，36（1）：141－159.

吴晓瑜，王敏，李力行. 中国的高房价是否阻碍了创业？［J］. 经济研究，2014（9）：121－134.

吴海民. 资产价格波动、通货膨胀与产业"空心化"：基于我国沿海地区民营工业面板数据的实证研究 ［J］. 中国工业经济，2012（1）：46－56.

吴昊，赵阳. 人口集聚对中国省际劳动生产率的影响差异研究 ［J］. 求是学刊，2020（3）：63－72.

王健忠. 房地产行业对我国企业自主创新活动的影响研究：基于省级面板数据的分析 ［J］. 现代产业经济，2013（10）：30－39.

王红建，李茫茫，汤泰劼. 实体企业跨行业套利的驱动因素及其对创新的影响 ［J］. 中国工业经济，2016（11）：73－89.

王芳，姚玲珍. 高房价会抑制私营企业的投资规模吗？［J］. 财经研究，2018，44（8）：88－100.

肖叶. 税制结构对创新产出的影响：基于286个地级市专利授权数据的实证分析 ［J］. 税务研究，2019（8）：26－31.

冼国明，薄文广. 外国直接投资对中国企业技术创新作用的影响：基于地区层面的分析 [J]. 经济科学，2006（3）：106－117.

谢垩. 房产和金融资产对家庭消费的影响：中国的微观证据 [J]. 财贸研究，2012（4）：73－82.

谢攀，林致远，地方保护、要素价格扭曲与资源误置：来自 A 股上市公司的经验证据 [J]. 财贸经济，2016（2）：71－84.

奚卫华. 论住宅房产税对购房者福利的影响 [J]. 中央财经大学学报，2011（7）：8－10.

谢伏瞻. 中国不动产税收政策研究 [M]. 北京：中国大地出版社，2005：16－25.

余静文，谭静. 房价、流动性效应与企业融资约束 [J]. 产业经济研究，2015（4）：91－101.

余静文，王媛，谭静. 房价高增长与企业"低技术锁定"：基于中国工业企业数据库的微观证据 [J]. 上海财经大学学报，2015，17（5）：44－56.

余泳泽，张少辉. 城市房价、限购政策与技术创新 [J]. 中国工业经济，2017（6）：98－116.

余泳泽，武鹏，林建兵. 价值链视角下的我国高技术产业细分行业研发效率研究 [J]. 科学学与科学技术管理，2010，31（5）：60－65.

余利丰. 房价、人才集聚与区域技术创新差异性研究 [J]. 江汉学术，2018，37（5）：77－84.

徐妍，郭品. 房价、资源错配与企业创新：基于房价效率因素和非

效率因素的分析 [J]. 经济问题, 2019 (7): 16 - 28.

颜色, 朱国钟. "房奴效应" 还是 "财富效应"? ——房价上涨对国民消费影响的一个理论分析 [J]. 管理世界, 2013 (3): 34 - 47.

杨蓉, 刘婷婷, 高凯. 产业政策扶持、企业融资与制造业企业创新投资 [J]. 山西财经大学学报, 2018 (11): 41 - 51.

袁冬梅, 邓师琦, 刘建江. 区域房价上涨、异质性劳动力流动与产业结构升级 [J]. 湖南社会科学, 2020 (2): 103 - 111.

张莉, 何晶, 马润泓. 房价如何影响劳动力流动? [J]. 经济研究, 2017 (8): 155 - 170.

藏波, 吕萍, 赵松. 中国园区建设中的工业地价、产业升级及其地区差异: 城市层面的产业发展雁行模型 [J]. 中国土地科学, 2015 (8): 24 - 32.

张平, 任强, 侯一麟. 中国房地产税与地方公共财政转型 [J]. 公共管理学报, 2016 (4): 1 - 15.

赵放, 董丽, 项卫星. 人口老龄化背景下中国房价与产业结构升级之间的空间溢出关系 [J]. 吉林大学社会科学学报, 2020 (3): 106 - 116.

张杰, 杨连星, 新夫. 房地产阻碍了中国创新么? ——基于金融体系贷款期限结构的解释 [J]. 管理世界, 2016 (5): 64 - 80.

周黎安, 罗凯. 企业规模与创新: 来自中国省级水平的经验证据 [J]. 经济学 (季刊), 2005 (3): 623 - 638.

曾海舰. 房产价值与公司投融资变动: 抵押担保渠道效应的中国经验证据 [J]. 管理世界, 2012 (5): 125 - 136.

周建，金媛媛，袁德利. 董事会人力资本、CEO 权力对企业研发投入的影响研究：基于中国沪深两市高科技上市公司的经验证据 [J]. 科学学与科学技术管理，2013，34（3）：170－180.

周利，易行健. 房价上涨、家庭债务与城镇居民消费：贷款价值比的视角 [J]. 中国管理科学，2020（11）：80－89.

周京奎. 房地产投机理论与实证研究 [J]. 当代财经，2004（1）：92－97.

张晓兵. 房价变动对固定资产投资影响的实证分析 [J]. 数学的实践与认识，2018，48（8）：11－16.

张荣佳，顾振华. 房价上涨对企业投资的"抵押效应"和"挤出效应"：来自中国上市公司的证据 [J]. 企业经济，2017，36（8）：170－178.

朱晨. 上海市房价上涨对工业企业创新的影响：基于劳动力成本视角的再审视 [J]. 经济经纬，2018，35（3）：96－102.

赵黎明，李振华. 区域经济发展中的城市创新 [J]. 天津大学学报（社会科学版），2004（4）：303－306.

赵杨，张屹山，赵文胜. 房地产市场与居民消费、经济增长之间的关系研究：基于1994—2011 年房地产市场财富效应的实证分析 [J]. 经济科学，2011，33（6）：30－41.

赵西亮，梁文泉，李实. 房价上涨能够解释中国城镇居民高储蓄率吗？——基于 CHIP 微观数据的实证分析 [J]. 经济学（季刊），2013（4）：81－102.

张古鹏，陈向东. 基于专利的中外新兴产业创新质量差异研究 [J]. 科学学研究, 2011 (11): 1813 – 1820.

张涛，龚六堂，卜永祥. 资产回报、住房按揭贷款与房地产均衡价格 [J]. 金融研究, 2006 (2): 1 – 11.

张平，张鹏鹏. 房价、劳动力异质性与产业结构升级 [J]. 当代经济科学, 2016 (2): 87 – 93.

张传勇. 劳动力流动、房价上涨与城市经济收敛：长三角的实证分析 [J]. 产业经济研究, 2016 (3): 82 – 90.

张倩男，赵玉林. 高技术产业技术创新能力的实证分析 [J]. 工业技术经济, 2007 (4): 21 – 26.

张霞，王蕾. 金融抑制、融资约束与企业创新投资 [J]. 会计之友, 2020 (3): 119 – 126.

张娜，吴福象. 房价波动、区域差异与城镇居民消费的 SYS – GMM 估计 [J]. 统计与决策, 2020 (10): 109 – 113.

张超，刘志彪. 市场机制倒逼产业结构调整的经济学分析 [J]. 社会科学, 2014 (2): 47 – 55.

周少甫，龙威. 房价、金融发展对技术创新的影响 [J]. 工业技术经济, 2020 (1): 33 – 40.

ANDERSSON R, QUIGLEY J M, WILHELMSSON M. Agglomeration and the Spatial Distribution of Creativity [J]. Papers in Regional Science, 2005 (3): 445 – 464.

AOKIA K. PROUDMANB J. VLIEGHEB G. House prices, Consumption, and Monetary Policy: A Financial Accelerator Approach [J]. Journal of Financial Intermediation, 2004, 13 (4): 414 – 435.

ORAZIO P A, LAUA B, ROBERT H, et al. Booms and Busts: Consumption, House Prices and Expectations [J]. Economica, 2009, 76 (301): 20 – 50.

ATALAY K, WHELAN S, YATES J. House prices, wealth and consumption: New evidence from Australia and Canada [J]. Review of Income & Wealth, 2016, 62 (1): 69 – 91.

ATTANASIOO, LEICESTER A, WAKEFIELD M. Do House Prices Drive Consumption Growth? The Coincident Cycles of House Prices and Consumption in the UK [J]. Journal of the European Economics Association, 2011, 9 (3): 399 – 435.

ATTANASIO O, WEBER G. The UK Consumption Boom of the Late 1980s: Aggregate Implications of Microeconomics Eevidence [J], Economic Journal, 2002, 104 (427): 1269 – 1302.

ATTANASIOO. BLOW L. HAMILTION R. LEICESTER A. Booms and Busts: Consumption, House Prices and Expectation [J]. Economica, 2009, 76 (301): 20 – 50.

BAUMGARDNER J R. The Division of Labor, Local Markets and Worker Organization [J]. Journal of Political Economy, 1988a, 96 (3): 509 – 527.

BAUMGARDNER J R. Physicians' Services and the Division of Labor

across Local Markets [J] . Journal of Political Economy, 1988b, 96 (5):
948 – 982.

BARTELSMAN E J, HALTIWANGER J C, SCARPETTA S. Cross –
Country Differences in Productivity: The Role of Allocation and Selection
[J] . American Economic Review, 2013, 103 (1): 305 – 334.

BAUM – SNOW N, PAVAN R. Understanding the City Size Wage Gap
[J] . Review of Economic Studies, 2011, 12 (1): 88 – 127.

BENITO A, MUMTAZ H. Consumption Excess Sensitivity, Liquidity
Constraints and the Collateral Role of Housing [J] . Macroeconomic Dynam-
ics, 2009, 13 (3): 305 – 326.

BENJAMIN J D, COULSON N E, Yang S X. Real Estate Transfer Ta-
xes and Property Values: the Philadelphia Story [J] . the Journal of Real
Estate Finance and Economics, 1993, 13 (7): 151 – 157.

BEHRENS K, DURANTON G, ROBERT – NICOUD F. Productive
Cities: Sorting, Selection, and Agglomeration [J] . Journal of Political E-
conomy, 2014, 12 (3): 507 – 553.

BERLIANT M. Knowledge Exchange Matching and Agglomeration, Jour-
nal of Urban Economics, 2006 (1): 69 – 95.

BERLIANT M, FUJITA M. Knowledge Creation as a Square Dance on the
Hilbert Cube [J] . International Economic Review, 2008, 12 (4): 1251 –
1295.

BERLIANT M, FUJITA M. Dynamics of Knowledge Creation and Transfer: the two Person Case ［J］. International Journal of Economic Theory, 2009, 12 (2): 155 – 179.

BIBBEE A. Tax Reform for Efficiency and Fairness in Canada ［J］. Economic Surveys, 2008, 12 (11): 63 – 98.

BLECK A A, LIU X W. Credit Expansion and Credit Misallocation ［J］. Journal of Monetary Economics, 2018, 94 (4): 27 – 40.

BOELHOUWER P, HAFFNER M, NEUTEBOOM P, et al. House Prices and Income Tax in the Netherlands: An International Perspective ［J］. Housing Studies, 2004, 12 (3): 415 – 432.

BODVARSSON O B. Measuring Immigratioin's Effects on Labor Demand: A Reexaminatino of the Mariel Boatlift, Labour Economics ［J］. Labour Economics, 2008, 12 (4): 560 – 574.

BORJAS G J, BRONARS S G, TREJO S J. Self – selection and internal migration in the United States ［J］. Journal of Urban Economics, 1992, 13 (2): 159 – 185.

BORJAS G J, DORAN K B. The Collapse of the Soviet Union and the Productivity of American mathematicians ［J］. Quarterly Journal of Economics, 2012, 13 (3): 1143 – 1203.

BONIS R, SILVESTRINI A. The Effects of Financial and Real Wealth on Consumption: New Evidence from OECD Countries ［J］. Applied Financial Economics, 2012, 13 (5): 409 – 425.

BOSTIC R, GAABRIELl S, Painter G. Housing Wealth, financial

wealth, and consumption: New evidence from micro data [J]. Regional Science & Urban Economics, 2009, 39 (1): 79 –89.

CABALLERO R J, KRISHNAMURTHY A. Bubbles and Capital Flow Volatility: Causes and Risk Management [J]. Social Science Electronic Publishing, 2006, 53 (1): 35 –53.

CAMERON G, MUELLBAUER J. MURPHY A. Housing Market Dynamics and Regional Migration in Britain [J]. Economics, 2006, 35 (4): 275 –293.

CAMPBELL J Y, COCCO J F. How do House Prices Affect Consumption? Evidence from Micro Data [J]. Journal of Monetary Economics, 2007, 54 (3): 591 –621.

CARROLL C, OTSUKA M, SLACALEK J. How Large are Housing and Financial Wealth Effects? A New Approach [J]. Journal of Money Credit & Banking, 2011, 43 (1): 55 –79.

CASE K, QUIGLEY I, SHILLER R. Comparing Wealth Effects: the Stock Market Versus the Housing Market [J]. Advances in Macroeconomics, 2012, 5 (1): 1235 –1235.

CHAKRABORTY I, GOLDSTEIN I, MACKINLAY A. Housing Price Booms and Crowding – Out Effects in Bank Lending [J]. Review of Financial Studies, 2018, 31 (7): 2806 –2853.

CHANYEY T, SRAER D, THESMAR D. The Collateral Channel: How Real Estate Shocks Affect Corporate Investment [J]. American Economic Review, 2010, 102 (6): 2381 – 2409.

CHANEY T, THESMAR D. The Collateral Channel: How Real Estate Shocks Affect Corporate Investment [J]. American Economic Review, 2012, 102 (6): 2381 – 2409.

CHARLOT S. DURANTON G. Communication Externalities in Cities [J]. Journal of Urban Economics, 2004 (3): 581 – 613.

KOFI K, ERIK C, MATTHEW H, et al. Manufacturing Decline, Housing Booms, and Non – Employment [C]. NBER WORKING PAPER SERIES, 2013.

CHEN J. Reevaluating the Association between Housing Wealth and Aggregate Consumption: New Evidence from Sweden [J]. Journal of Housing Economics, 2006, 12 (4): 321 – 348.

COMBES P P, DURANTON G, GOBILLON L. Spatial Wage Disparities: Sorting Matters [J]. Journal of Urban Economics, 2008, 12 (2): 723 – 742.

COMBES P P, DURANTON G, GOBILLON L. Sorting and Local Wage and Skill Distributions in France [J]. Regional Science and Urban Economics, 2012, 12 (6): 913 – 930.

COMBES P P, et al. Migration Externalities in Chinese Cities [J]. European Economic Review, 2015, 13 (76): 152 – 167.

DU Z, ZHANG L. Home – Purchase Restriction, Property Tax and Housing Price in China: A Counterfactual Analysis [J]. Journal of Econometrics, 2015, 188 (2): 558 – 568.

DURANTON G, PUGA D. Nursery Cities: Urban Diversity, Process Innovation and the Life Cycle of Products [J]. American Economic Review, 2001, 13 (5): 1454 – 1477.

DEGEN K, FISCHER M A. Immigration and Swiss House Prices [J]. Swiss Journal of Economics and Statistics, 2017, 12 (1): 15 – 36.

DIXIT A, K. STIGLITZ J E. Monopolistic Competition and Optimum Product Diversity [J]. American Economic Review, 1977, 12 (3): 297 – 308.

DOHMEN T J. Housing Mobility and Unemployment [J]. Regional Science and Urban Economics [J]. 2005, 35 (3): 305 – 325.

DUMAIS G, Ellison G, Glaeser E. L. Geographic Concentration as a Dynamic Process [J]. Review of Economics and Statistics, 2002, 12 (2): 193 – 204.

Duranton G, Puga D. Micro – Foundations of Urban Agglomeration Economies [J]. Elsevier, 2004, 13 (3): 2063 – 2117.

EECKHOUT J, PINHEIRO R, SCHMIDHEINY K. Spatial Sorting [J]. Journal of Political Economy, 2014, 13 (3): 554 – 620.

FAIR R C. Disequilibrium in Housing Models [J]. The Journal of Finance, 1972, 12 (2): 207 – 221.

FARHI E, TIROLE J. Bubbly liquidity [J]. The Review of Economic Studies, 2011, 79 (2): 678 – 706.

FILARDO A J. Monetary Policy and Asset Prices [J]. Federal Reserve Bank of Kansas City Economic Review, 2000, 13 (3): 11 – 37.

FURLANETTO F, GROSHENNY N. Mismatch Shocks and Unemployment During the Great Recession [J] . Journal of Applied Econometrics, 2016, 12 (7) : 1197 – 1214.

FUJITA M, KRUGMAN P, VENABLES A. The Spatial Economy: Cities, Regions, and International Trade [M] . Cambridge: MIT Press, 1999: 199.

FISCHEL W A. Property Taxation and the Tiebout Model: Evidence for the Benefit View from Zoning and Voting [J] . Journal of Economic Literature, 1992, 13 (1): 171 – 177.

GAN J. Collateral Debt capacity and Corporate Investment: Evidence from a Natural Experiment [J] . Journal of Financial Economics, 2006, 85 (3): 709 – 734.

GAN J. The Real Effects of Asset Market Bubbles: Loan – and Firm – Level Evidence of a Lending Channel [J] . Review of Financial Studies, 2007, 20 (6): 1941 – 1973.

GAN J. Housing Wealth and Consumption Growth: Evidence from a Large Panel of Households [J] . Review of Financial Studies, 2010, 23 (6): 2229 – 2267.

GLAESER E. L, MARE D C. Cities and Skills [J] . Journal of Labor Economis, 2001, 13 (2): 316 – 342.

GLAESER E. L, RESSEGER M G. The Complementarity between Cities and Skills [J] . Journal of Regional Science, 2010, 13 (1): 221 – 244.

GORODNICHENKO Y, SCHNITZER M. Financial Constraints and In-novation: Why Poor Countries Don't Catch Up [J] . Journal of the Europe-an Economic Association, 2013, 12 (11): 1115 – 1152.

GROSSMAN G, YANAGAWA N. Asset Bubbles and Endogenous Growth [J] . Journal of Monetary Economics, 1993, 31 (1): 3 – 19.

HALL B H, LERNER J. The Financing of R&D and Innovation [J] . Handbook of the Economics of Innovation, 2010, 12 (1): 609 – 639.

HAMILTON B W. Zoning and Property Taxation in a System of Local Government [J] . Urban Studies, 1975 , 12 (2): 205 – 211.

HAMILTON B W. Capitalization of Intrajurisdictional Differences in Local Tax Price [J] . American Economic Review, 1976, 12 (66): 743 – 753.

HANER U E. Innovation Quality – a Conceptual Framework [J] . In-ternational Journal of Production Economics, 2002 (1): 31 – 37.

HANSON G H. Market Potential Increasing Returns and Geographic Concentration [J] . Journal of International Economics, 2005, 67 (1) : 1 – 24.

HELPMAN E. The size of regions: topic in public economics [M] . London: Cambridge University Press, 1998: 92.

HELSLEY R W, Strange W C. Matching and Agglomeration Economies in a System of Cities [J] . Regional Science and Urban Economics, 1990, 20 (2) : 189 – 212.

HSIEH C, KLENOW P J. Misallocation and Manufacturing TFP in China and India [J]. Quarterly Journal of Economics, 2009, 12 (4): 1403 – 1448.

HSIEH C, KLENOW P J. Development Accounting [J]. American Economic Journal: Macroeconomics, 2010, 12 (2): 207 – 223.

HYMAN D N, PASOUR J R. Real Property Taxes, Local Public Services, and Residential Property Values [J]. Southern Economic Journal, 1974, 12 (2): 329 – 331.

IACOVIELLO M, MINETTI R. The Credit Channel of Monetary Policy: Evidence from the Housing Market [J]. Journal of Macroeconomics, 2008, 30 (1): 69 – 96.

JACKMAN R, SAVOURI S. Regional Migration in Britain: An Analysis of Gross Flows Using NHS Central Register Data [J]. Economic Journal, 1992, 12 (102): 1433 – 1450.

JEANTY P W, PARTRIDGE M, IRWIN E. Estimation of a Spatial Simultaneous Equation Model of Population Migration and Housing Price Dynamic [J]. Regional Science and Urban Economics, 2010, 40 (5): 343 – 352.

JUD G D, WINKLER D T. The Dynamics of Metropolitan Housing Prices [J]. Journal of Real Research, 2002, 12 (23): 29 – 46.

KIM S. Labor Specialization and the Extent of the Market [J]. Journal of Political Economy, 1989, 12 (3): 692 – 705.

KELSO A S J. CRAWFORD V P. Job Matching Coalition Formation and Gross Substitutes [J]. Econometrica, 1982 (50): 1483 – 1504.

KRUGMAN P. Increasing Returns and Economic Geography ［J］. Journal of Political Economy, 1991, 99 (3) : 483 - 499.

KRUSELL P, et al. , Capital - Skill Complementarity and Inequality: A Macroeconomic Analysis ［J］. Econometrica, 2000, 13 (5): 1029 - 1054.

LEE E. S. A Theory of Migration ［J］. Demography, 1996, 13 (1): 10 - 14.

LIN L. Collateral and the Choice between Bank Debt and Public Debt ［J］. Management Science, 2015, 62 (1): 111 - 127.

LI D, Song S F. Property Tax in Urban China ［J］. China World Economy, 2008, 21 (4): 48 - 64.

LANDIS J D. Do Growth Controls Work? A New Assessment ［J］. Journal of the American Planning Association, 1992, 13 (4): 489 - 508.

LI L, WU X. Housing Price and Entrepreneurship in China ［J］. Journal of Comparative Economics, 2014, 42 (2): 436 - 449.

LIND R C. Spatial Equilibrium the Theory of Rents and the Measurement of Benefits from Public Programs ［J］. Quarterly Journal of Economics, 1973, 13 (3): 188 - 207.

LUNDBORG P, SKEDINGER P. Transactions Taxes in a Search Model of the Housing Market ［J］. Journal of Urban Economics, 1999, 13 (2): 385 - 399.

LUCAS R E, Jr. Life Earning and Rural - Urban Migration ［J］. the Journal of Political Economy, 2004, 13 (112): 29 - 59.

MALPEZZI S A. Simple Error – Correction Model of House Prices [J]. Journal of Housing Economics, 1999, 12 (1): 27 – 62.

MANKIW H G, WEIL D N. The Baby Boom, the Baby Bust, and the Housing Market [J]. Regional Science and Urban Economics, 1989, 13 (2): 27 – 62.

MIAO J, WANG P. Sectoral Bubbles Misallocation and Endogenous Growth [J]. Journal of Mathematical Economics, 2014, 53 (8): 153 – 163.

MIESZKOWSKI P. The Property Tax: An Excise Tax or a Profit Tax? [J]. Journal of Public Economics, 1972, 12 (1): 73 – 96.

MIESZKOWSKI P, ZORROW G R. Taxation and the Tiebout Model: The Differential Effects of Head Taxes, Taxes on Land Rents, and Property Taxes [J]. Journal of Economic Litterature, 1989, 13 (27): 1098 – 1146.

MCDONALD J F. Incidence of the Property Tax on Commercial Real Estate: The Case of Downtown Chicago [J]. National Tax Journal, 1993, 15 (2): 109 – 120.

MIESZKOWSKI P. The Property Tax: An Excise Tax or a Profits Tax? [J]. Journal of Public Economics, 1972, 12 (1): 73 – 89.

MIESZKOWSKI P M. ZODROW G B. The New View of the Property Tax: A Reformulation [J]. Regional Science and Urban Economics, 1986, 13 (3): 309 – 327.

MEEN G, NYGAARD A. Housing and Regional Economic Disparities [J]. Economics paper, Department for Communities and Local Government,

2010, 13 (5): 23 – 32.

MION G. NATICCHIONI P. The Spatial Sorting and Matching of Skills and Firms [J]. Canadian Journal of Economics, 2009, 16 (1): 28 – 55.

MORETTI E. Human Capital Externalities in Cities, Handbook of Regional and Urban Economics [J]. 2004, 16 (4): 2243 – 2291.

MUELLBAUER J, MURPHY A. Booms and Busts in the UK housing Market [J]. Economic Journal, 1997, 12 (445): 1701 – 1727.

MUELLBAUER J, MURPHY A. Housing Markets and the Economy: the Assessment [J]. Oxford Review of Economic Policy, 2008, 24 (1): 1 – 33.

NETZER D. Economics of the Property Tax [M]. Washington: Brooking Institution, 1966: 63.

OATES W E. The Effects of Property Taxes and Local Public Spending on Property Values: An Empirical Study of Tax Capitalization and the Tiebout Hypothesis [J]. Journal of Political Economy, 1969, 13 (6): 957 – 971.

OMMEREN V J, PIET R, PETER P. Job Moving, Residential Moving, and Commuting: A Search Perspective [J]. Journal of Urban Economics, 1999, 46 (2): 230 – 253.

OTTAVIANO G I P, PERI G. Rethinking the Effect of Immigration on Wages [J]. Journal of the European Economic Association, 2012, 13 (1): 152 – 197.

PISSARIDES C A. MCMASTER I. Regional Migration, Wages and Unemployment: Empirical Evidence and Implications for Policy [J]. Oxford Economic Papers, 1990, 42 (4): 812 – 831.

RABE B, Taylor M P. Differences in Opportunities? Wage, Employment and House – Price Effects on Migration [J]. Oxford Bulletin of Economics & Statistics, 2012, 13 (2): 831 – 855.

RABE B, TAYLOR M P. Difference in Opportunities? Wage, Unemployment and House – Price Effects on Migration [J]. Oxford Bulletin of Economics and Statistics, 2012, 74 (6): 831 – 855.

RICARDO J. ARVIND K. Bubbles and Capital Flow Volatility: Causes and Risk Management [J]. Journal of Monetary Economics, 2005, 53 (1): 548 – 562.

RICHARD B, RACHEL G, JOHN V R. Market Share, Market Value and Innovation in a Panel of British Manufacturing Firms [J]. Review of Economic Studies, 1999, 16 (66): 529 – 554.

ROBACK J. Wages Rents and the Quality of Life [J]. Journal of Political Economy, 1982, 90 (4): 1257 – 1278.

ROMER P M. Endogenous Technological Change [J]. Journal of Political Economy, 1990, 98 (5): 71 – 102.

ROSENTHAL L. House Prices and Local Taxes in the UK [J]. Fiscal Studies, 1999, 13 (1): 61 – 76.

SAIZ A. Immigration and Housing Rents in American Cities [J]. Journal of Urban Economics, 2007, 61 (2): 345 – 371.

SAHIN A J, SONG G, VIOLANTE G L. Mismatch Unemployment [J].

American Economic Review, 2014, 104 (11): 3529 –3564.

SAINT – PAUL G. Fiscal Policy in Endogenous Growth Model [J].
Quarterly Journal of Economics, 1991, 107 (4): 1243 –1259.

SAINT – PAUL G. Fiscal Policy in an Endogenous Growth Model [J].
Quarterly Journal of Economics, 1992, 12 (3): 267 –290.

SCHMALZ M C, SRAER D A, THESMAR D. Housing Collateral and
Entrepreneurship [J]. Journal of Finance, 2017, 72 (1): 99 –132.

SIMION H A. The Incidence of a Tax on Urban Real Property [J], The
Quarterly Journal of Economics, 1943, 16 (3): 398 –420.

TABUCHI T. Urban Agglomeration and Dispersion: A Synthesis of Alonso
and Krugman [J]. Journal of Urban Economics, 1998, 44 (3): 333 –351.

TAKATOSHI T, JACQUES – FRANCOIS T. Taste Heterogeneity, La-
bour Mobility and Economic Geography [J]. Journal of Development Eco-
nomics, 2002, 16 (69): 155 –177.

TORFS W, ZHAO L Q. Everybody Needs Good Neighbors? Labor Mob-
ility Costs, Cities and Matching [J]. Regional Science and Urban Econom-
ics , 2015, 13 (55): 39 –54.

TIEBOUT C M. A Pure Theory of Local Expenditures [J]. Journal of
Political Economy, 1956, 13 (64): 416 –424.

VENABLES A. J. Productivity in Cities: Self – Selection and Sorting
[J]. Journal of Economic Geography, 2011, 13 (2): 241 –251.

WILLIAM E, MITCHELL E. Effects of Property Tax Relief for the

Aged：The Circuit – Breaker Legislation American ［J］．Journal of Economics and Sociology，1973，13（1）：324 – 367.

ZODROW G，MIESZKOWSKI P，PIGOU T．Property Taxation and the Underprovision of Public Goods ［J］．Journal of Urban Economics，1986，16（3）：356 – 370.